AF340862

ARTHUR MEYER

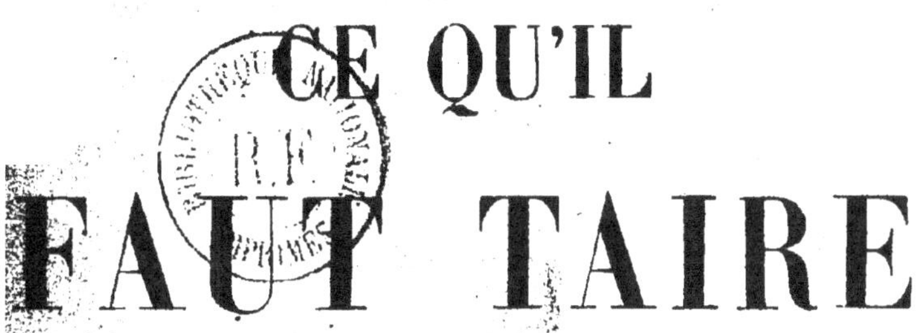

CE QU'IL FAUT TAIRE

PIÈCE ORNÉE DE SEPT GRAVURES
PRÉCÉDÉE D'UN AVANT-PROPOS

ET D'UNE

PRÉFACE D'ADOLPHE BRISSON

PARIS

LIBRAIRIE PLON

PLON-NOURRIT ET Cie, IMPRIMEURS-ÉDITEURS

8, RUE GARANCIÈRE — 6^e

1914

Tous droits réservés

CE QU'IL
FAUT TAIRE

PIÈCE EN TROIS ACTES

OUVRAGES DU MÊME AUTEUR

Ce que mes yeux ont vu. *La Chute de l'Empire — Les premières faillites de la République — Le Boulangisme — L'Antisémitisme — Le Dreyfusisme — Paris autrefois et aujourd'hui — Sa Majesté l'Argent — Son Altesse la Presse — Conclusion.* 71e édition. Un volume in-16 avec portrait. . . . . 3 fr. 50

Ce que je peux dire. *La Dame aux violettes :* Le boulevard du Crime — Le salon du prince Napoléon — Le testament d'un héros. — *Salons d'hier et d'aujourd'hui.* — La comtesse de Loynes : Les redoutes d'Arsène Houssaye — La conversion d'un dilettante — Les ambitions d'une patriote — L'état-major de la « Patrie française » — Le drame de l'avenue de Neuilly — Petit chapeau et grand baptême — Les coulisses de la diplomatie — De la Convention à l'Alliance. — *Vers la mort :* Le prince Gamelle — Le salon d'une désabusée — Le refuge dans les Lettres — Au cimetière de Montmartre. 70e édition. Un volume in-16 avec un portrait. . . . . 3 fr. 50

PARIS. TYP. PLON-NOURRIT ET Cⁱᵉ, 8, RUE GARANCIÈRE. — 20669.

BOUFFES-PARISIENS

Téléphone : Gutemberg 45-58 | 4, Rue Monsigny, 4 | Métro : 4-Septembre

Bureaux à **8** h. **1/4** | Aujourd'hui **MERCREDI 20 MAI 1914** | Rideau à **8** h. **3/4**

Mme VERA SERGINE

Mlle DE POUZOLS | Mlle YANE EXIANE

PREMIÈRE REPRÉSENTATION DE

CE QU'IL FAUT TAIRE

Comédie en TROIS actes, de **M. ARTHUR MEYER**

Décors de VENNIER, exécutés par MM AMABLE, H. COCCIARI et J. JOLIVET — Toilettes de WORTH — Chapeaux de LEWIS
Meubles de la collection VENNIER — Orfèvrerie d'art de la Maison MIFLE et Cie — Tapis, DALPHME et Fils — Articles de bureau, TERQUEM
Piano GAVEAU

M. LEMARCHAND M. Louis SANCE M. RÉGNIER M. DUFROY
Mlle DARIO   M. Georges LISLE   Mlle Lyse GOTTLOB
M^m JAVERZAC, ZADIG, VERNOCK, BRUNETON, René WORMS

M. Pierre JUVENET | M. R. VINCENT

Mme L. MAROUET | Mlle GERALDI

Mme GUILLOUX | **M. DIEUDONNE** | Mlle Linda CELLI

et M. DUMÉNY

DIMANCHE PROCHAIN 24 Mai. MATINÉE à 2 h. 1/4

ARTHUR MEYER

CE QU'IL
FAUT TAIRE

PIÈCE ORNÉE DE SEPT GRAVURES
PRÉCÉDÉE D'UN AVANT-PROPOS
ET D'UNE
PRÉFACE D'ADOLPHE BRISSON

PARIS

LIBRAIRIE PLON

PLON-NOURRIT ET Cⁱᵉ, IMPRIMEURS-ÉDITEURS

8, RUE GARANCIÈRE — 6ᵉ

1914

Tous droits réservés

A

MONSIEUR QUINSON

A MES VAILLANTS INTERPRÈTES

Souvenir reconnaissant.

Arthur MEYER.

AVANT-PROPOS

Eh bien, oui, j'ai fait une pièce de théâtre, et je l'ai fait représenter, et j'avais soixante-dix ans, quand cela m'arriva.

Débuter au théâtre à soixante-dix ans, c'était de l'audace! Comment mon audace a-t-elle été accueillie par certains de mes amis? Laissez-moi vous conter une anecdote.

J'avais offert une loge à l'un de mes plus éminents collaborateurs du *Gaulois*. Le lendemain, il venait me remercier et m'adressait ses félicitations, en termes trop flatteurs pour que je puisse les reproduire.

« Acceptez-les, me dit-il : elles sont d'autant plus sincères qu'avant d'assister à votre

pièce, j'avais des préventions. Je me disais :
Voilà un directeur de journal, qui a mené son
journal à un succès peu contesté. Cela ne lui
a pas suffi. Il a écrit des articles parfois re-
marqués. Ce n'est pas tout. Il a écrit un
livre, deux livres qui ont eu un tirage ines-
péré. Maintenant il se fait auteur dramatique.
Trop est trop. Il occupe trop de lui le public. Comme dirait Cyrano, il exagère. » La
petite leçon était amicale. Je ne regrettai
pas d'avoir envoyé ma loge.

J'ai voulu sortir de ma spécialité; les spé-
cialistes m'ont rappelé à l'ordre; ils ne m'y
rappelleront pas deux fois. « Le journalisme
mène à tout, disait Girardin, à condition d'en
sortir. » Il est quelquefois mieux d'y rentrer.
J'y rentre.

Deux mots seulement, afin d'expliquer
pourquoi j'ai écrit *Ce qu'il faut taire*.

J'ai cédé à l'attrait de tenter quelque chose
de nouveau pour moi et de m'offrir des sen-

sations inédites. Sans doute ; mais j'ai été guidé aussi par un autre mobile. J'avais, dans ma modestie, une ambition.

Je suis un amateur au théâtre, c'est entendu ; on me l'a beaucoup dit, mais je l'avais dit le premier. Je suis aussi un amateur de théâtre. Je vais presque tous les soirs au théâtre ; j'y vais par profession et par goût. Avec la plupart des spectateurs, je suis sincèrement affligé des tendances qui y dominent depuis quelque temps.

J'ai voulu, à ma manière, élever ma protestation. Alors, j'ai bâti une pièce, telle quelle, où j'ai donné le premier rôle à un personnage qui incarne une idée fort peu à la mode dans la comédie contemporaine : l'idée du devoir. J'ai essayé de faire de ce personnage un homme d'une droiture, d'une noblesse d'âme incontestables, et de lui donner assez d'indulgence, assez de bonté pour toucher le cœur d'une femme dont l'éducation avait fait, sinon une réfractaire, du moins une individualiste. A la morale libre, au mariage libre, au théâtre libre, à l'anarchie intellectuelle qui nous gagne, j'ai tâché d'opposer la règle, la discipline, la tradition.

Je l'ai fait, à mes risques et périls, et sachant ce que je risquais. Mon excellent collaborateur et ami Émile Faguet m'avait prévenu : « Ne mettez pas à la scène un caractère d'une trop grande élévation de sentiment, m'avait-il dit : le public n'y est pas. »

Le public n'y est pas : il y viendra. Il n'y est pas venu à mon appel, parce que, encore une fois, je ne suis qu'un amateur. Mais qu'un professionnel de la jeune école, qui entend renouveler la scène française, veuille bien mettre sa puissance dramatique au service d'idées qui doivent être l'atmosphère du théâtre et que réclament aujourd'hui tous les honnêtes gens... le public y viendra. Ce sera profit pour tout le monde. Si j'ai été la vedette qui donne l'éveil, si j'ai été le crieur qui pousse le cri d'alarme, je suis récompensé au delà de mes espérances.

Ce que j'ai tenté, qu'un autre y réussisse ! J'applaudis d'avance et de toutes mes forces au succès de l'auteur dramatique à qui je demande la permission de dire dès maintenant et pour une fois : « Bravo, mon cher confrère ! »

Arthur MEYER.

Je crois donner une préface, et la meilleure de toutes, en publiant la critique que M. Adolphe Brisson, dans son feuilleton du Temps, a bien voulu consacrer à Ce qu'il faut taire. Ceux qui connaissent ces pages d'un de nos meilleurs écrivains auront plaisir sans doute à les retrouver. Quant au lecteur qui n'a pas encore eu sous les yeux les lignes que je reproduis, il lui suffira de les lire pour être prévenu de ce qu'il doit attendre de la lecture de ma pièce — et pour être averti de ce que j'ai voulu faire et de ce que j'ai fait.

Est-il besoin d'ajouter que l'on a respecté ici le texte de **M.** *Adolphe Brisson? Je n'ai supprimé de l'article ni les critiques, dont je sens la justesse et dont j'aime la probité, ni les éloges, encore que j'y sois fort sensible et que j'en reste un peu confus.*

A . M.

Quand le rideau s'est levé, le premier soir, sur l'œuvre de M. Arthur Meyer, quelles pouvaient être les dispositions de l'auditoire? Elles n'étaient pas précisément hostiles, mais sceptiques, moqueuses et, somme toute, peu bienveillantes. Le public n'écoute avec déférence que les ouvrages des dramaturges professionnels ; il hait l'amateurisme et ne croit pas aux talents littéraires qui recherchent tardivement son suffrage. Or l'auteur de *Ce qu'il faut taire*, journaliste fameux, polémiste important, témoin et historiographe avisé de la vie moderne, leader politique, homme du monde, débutait au théâtre. Une grande curiosité s'attachait à cette épreuve. Les spectateurs la suivaient attentivement des oreilles et des yeux. On eût dit qu'ils se tenaient sur la défensive et s'appliquaient d'abord à ne point montrer leurs sentiments. Peu à peu ils s'échauffèrent; ils s'intéressaient aux péripéties de l'intrigue; et puis ils voulaient s'amuser. Tout leur fut prétexte à amusement : les détails parfois spirituels du dialogue, les boutades d'un vieux Parisien contemporain du second Empire, l'étalage du snobisme de la charité mondaine, les apparitions du valet de chambre de l'héroïne, chargé d'annoncer à haute voix les visiteuses qui franchissaient le seuil du salon. Un petit rire salua ces noms aristocratiques. Dès que surgissait le serviteur vénérable et correct, on l'applaudissait, on lui faisait fête. Cela au fond n'était pas bien méchant. Cette malice, cette taquinerie, cette blague entouraient

comme d'une sorte d'hommage la notoriété
du directeur du *Gaulois*. M. Arthur Meyer
payait la rançon de sa popularité. Moins
célèbre, il aurait eu devant lui des auditeurs
plus respectueux mais moins expansifs. Il ne
saurait leur garder rancune d'une si légère
irrévérence. Il leur a parlé librement et sans
être interrompu. Il a exposé ses idées, déve-
loppé sa thèse, porté ses jugements, formulé
ses arrets. Il ne s'est pas fait siffler. Il s'est fait
applaudir. Il doit garder de cette représentation un souvenir agréable. En définitive, les
choses se sont passées aussi heureusement
qu'il le pouvait souhaiter.

Dans *Ce qu'il faut taire*, il y a beaucoup
d'éléments amalgamés et juxtaposés. Il y a
un drame passionnel. Il y a une satire...
Voici le drame. Pierre Chevalier, avocat
illustre, député influent, accorde au parti
royaliste l'appui de sa parole et de son auto-

rité. Il n'a pas eu de tout temps les opinions de son âge mûr. Il fut jadis socialiste, presque anarchiste. Fils d'un médecin de village, pressé d'arriver, ambitieux, il s'était jeté à corps perdu dans la doctrine révolutionnaire ; assagi par l'expérience, il est aujourd'hui ami de l'ordre. Cette conversion de gauche à droite réalise, je suppose, selon M. Meyer, le maximum de sagesse compatible avec la mentalité d'un politicien. Pierre Chevalier s'impose à nos sympathies ; sa charité, sa bienveillance, sa largeur d'esprit justifient l'estime et l'affection qui l'entourent. A vrai dire, l'histoire de la crise, d'où est sortie sa métamorphose, manque un peu de précision. A-t-il été subitement touché de la grâce ? A-t-il décrit une évolution réfléchie et lente ? « Regrettez-vous, lui demande-t-on, d'avoir publié vos anciens livres ? » « Oui, répond-il, lorsqu'ils troublent des cerveaux mal préparés pour les comprendre. » C'est donc qu'il

ne les désavoue pas et qu'il reste fidèle à ses
doctrines et qu'il en redoute seulement l'ap-
plication? Ce point mériterait d'être mieux
éclairci. Pierre Chevalier semble appartenir
à la race assez nombreuse des théoriciens qui
n'osent pas entrer dans l'action et s'épou-
vantent de leur propre audace. « Je voue,
déclare-t-il, une guerre implacable aux agitateurs, aux exploiteurs de la misère humaine;
je demande l'indulgence et la paix pour les
malheureux que nos rêves et nos discours
hallucinent. La meilleure justice, c'est la
bonté. » Ce langage, empreint de prudence
et d'opportunisme, froisse l'âme ardente
d'Hélène Chevalier, la femme du député-
avocat; elle s'imaginait avoir épousé un
apôtre de la libre pensée; elle aimait la véhé-
mence réformatrice du jacobin; elle déteste
l'humeur conciliante du conservateur. Elle
s'écarte de lui, et comme elle est sensible et
romanesque et qu'elle a besoin d'amour, elle

ne repousse pas avec assez de vigueur les
tendres assauts de Camille Dermorel. Ce
jeune homme, sauvé de la détresse, recueilli
par Chevalier qui l'a pris pour secrétaire,
s'acquitte de tant de bienfaits en essayant
de déshonorer son bienfaiteur. De fâcheuses
habitudes, l'abus de la cocaïne, de l'éther,
de l'opium le rendent à peu près inconscient.
M. Meyer, nourri des observations sociolo-
giques de Paul Bourget, nous montre en ce
malade un échantillon du prolétaire qui s'est
perdu, parce qu'il a voulu marcher trop vite,
brûler les étapes « Pourquoi m'avez-vous
retiré de l'école primaire, s'écrie amèrement
le jeune éthéromane. Je serais devenu un
bon ouvrier; je n'étais pas né pour l'existence
que je mène. » Il se promettait de combattre
une société pourrie. Mais les corruptions
qu'il exécrait l'ont enveloppé, pénétré, gan-
grené. Il se sent irrémédiablement atteint.
Et il se venge, vous allez voir de quelle ma-

nière, en pervertissant les femmes du monde!
« J'éprouve une joie âcre à les conquérir,
bien plus qu'à les posséder. Je leur joue la
comédie. Après la conquête, elles ne m'intéressent plus. Elles comprennent que je les
méprise. C'est ma revanche. » Un tel ma-
chiavélisme prête à sourire. Évidemment le
séducteur satanique et ingénu sera puni de
sa présomption.

La bataille s'engage entre ces trois êtres,
dont un seulement est exceptionnel : le phi-
losophe Pierre Chevalier, l'inconséquente
Hélène, le détraqué Camille Dermorel. Quelques scènes largement développées les met-
tent aux prises. Impétueuse et loyale, enne-
mie du mensonge, refusant de plier à la basse
hypocrisie d'un partage, Hélène avoue à son
mari la vérité tout entière. Elle est encore
honnête femme : elle n'a pas succombé ; elle
répugne à l'adultère ; mais elle prétend
redevenir maîtresse d'elle-même et vivre sa

vie. « Pour moi, le mariage n'est pas un
sacrement, c'est un contrat; je veux pouvoir
le résilier et en signer un autre. » Elle
réclame le divorce et se heurte à une résis-
tance obstinée, éloquente, généreuse. Pierre
prononce les mots que lui dictent sa raison
et son cœur. Si Hélène n'est pas matérielle-
ment coupable, elle l'est déjà en intention.
Cette pensée le torture. Il essaie de défendre
contre elle-même l'épouse en péril. « Je ne
divorcerai pas; le monde ignorera votre
faute, il continuera de vous honorer. » Elle
n'accepte pas cette considération volée.
Alors il a recours à l'argument suprême.
Quel sera, en cas de rupture, le sort des enfants? « Vous les oubliez. Nous pouvons être
fautifs, vous ou moi, tous les deux, ils sont
innocents. Allez-vous les sacrifier! Je ne
souffrirai pas qu'ils deviennent de ces petits
invités, victimes des misères conjugales, de
pauvres petits invités que nous nous dispute-

rions et qui désapprendraient l'affection, le respect, l'obéissance. J'ai mes enfants; je les garde. » Ce plaidoyer convainc momentanément la jeune femme. Bientôt le vertige la ressaisit; elle subit la fascination de Camille Dermorel; elle tombe dans ses bras. Aussitôt après, l'indignité de l'amant lui est révélée. Elle découvre que ce triste individu a servi de complice à l'escroc Strouzzi, un marchand de bibelots arrêté comme faussaire, et dont Pierre justement sera le défenseur aux assises. Camille a soustrait du dossier une pièce capitale qui constitue la preuve de sa culpabilité. Ce papier, retrouvé par la police, revient aux mains de l'avocat. Le mari, la femme, accablés de douleur et de honte, sont de nouveau en présence. Nous assistons à ce dernier conflit de leurs volontés ennemies et de leurs scrupules. « C'est vous qui déciderez, dit Pierre. Je suis avocat. Ce document établit la culpabilité de mon secrétaire, de mon homme de confiance. Il me l'a dérobé. On me l'a restitué. Il ne m'appartient pas. Que dois-je faire? » La malheureuse ne sait à quoi se résoudre; un affreux combat intérieur la déchire. Enfin elle réagit contre la tentation de l'injustice: elle s'arme de courage; elle dit ce qu'elle doit dire; la pièce révélatrice reprend sa place dans le dossier. « Vous m'avez indiqué mon devoir, dit Pierre; il vous reste à remplir le vôtre. Je vous y aiderai de tout mon effort. » Le devoir d'Hélène, c'est de renoncer à l'amant, de rester désormais, sans défaillance, auprès du mari qui lui pardonne. Elle se demande si son vrai devoir n'est pas au contraire de rejoindre l'amant misérable, de lui apporter le réconfort de sa tendresse, de demeurer publiquement, dans le malheur, sa compagne. Elle va céder à cet élan de solidarité et de pitié. Le suicide opportun du jeune homme la délivre. Désormais, elle ne peut plus repousser l'offre magnanime de Pierre. Elle ne quittera plus son foyer ; elle y vieillira, considérée du monde, respectée de ses enfants. On taira *ce qu'il faut taire.* Elle continuera son existence normale, paisible, de mère et d'épouse. Nul ne soupçonnera la gravité des orages qui l'auront un instant bouleversée...

Ainsi le drame s'achève dans l'optimisme. S'il n'est pas neuf (la faute de la femme et le pardon du mari sont des thèmes sur lesquels tout a été dit, ou à peu près), on ne peut lui refuser le mérite d'être pathétique. Il l'est à la façon des tragédies bourgeoises de la fin du dix-huitième siècle. Cette comparaison n'a rien de désobligeant. M. Meyer — qui l'eût cru ? — possède l'état d'âme du bon Sedaine : il s'institue le défenseur chaleureux de la famille ; il prêche le sacrifice, le renoncement : il est tout imprégné d'évangélique douceur. Une onction quasi ecclésiastique

enveloppe la physionomie et les discours de
son héros de prédilection, Pierre Chevalier...
Hélène agit, sans doute, avec quelque légè-
reté, mais quand sa passion ne l'égare pas,
quand elle n'est pas elle-même en cause, combien elle se montre sensée; que de judicieux
conseils elle donne à ses amies; que d'argu-
ments persuasifs elle trouve pour les détourner du divorce! Camille Dermorel excite assu-
rément moins de sympathie. Pourtant il n'est
pas scélérat; il n'est que dément. Cette fêlure
explique l'incohérence de sa conduite et comment le don Juan qu'il croit être accepte de
suivre, partout où elle ira, la femme aimée
et de lui consacrer sa vie... La vivacité de
ses remords, le châtiment qu'il s'inflige
amnistient son crime. On ne le déteste pas,
on le plaint. Les figures essentielles de l'ou-
vrage sont, en définitive, assez vivantes.

Et les figures épisodiques ont quelque
agrément. Elles animent la comédie satirique

qui s'ajoute à la pièce dramatique. Chérissant la vertu, M. Meyer doit avoir nécessairement horreur du vice, de tous les vices. Il les flagelle d'une main infatigable. Sa cruauté, comme vous pouvez croire, est toute relative ; elle ne franchit pas les limites que lui assigne la civilité. Ses coups de boutoir sont de gentilles petites tapes, et ses réquisitoires des épigrammes Néanmoins, la critique porte. J'énumère les « griefs » de M. Arthur Meyer. Il blâme les femmes du monde qui fument la cigarette, hantent les audiences scandaleuses du Palais, ne veulent point faire d'enfants, prennent part aux concours de tango de Deauville et en disputent le prix aux « demoiselles ». M. Arthur Meyer refuse également son estime aux joueuses, aux trop grandes dépensières, aux clientes insolvables des joailliers, des modistes. Il se demande avec effroi par qui seront réglées leurs factures. Il exhorte les nouvelles mariées à ne

q pas être les maîtresses de leurs maris, à ne
q pas courir avec eux les bouis-bouis, les cabarets de nuit où l'on soupe et un tas d'autres
mauvais lieux. Il leur conte l'histoire de la
gentille comtesse de La Rochefleury, dont le
bonheur a failli sombrer, précisément parce
qu'elle est devenue un peu trop la camarade
d'un mari noceur. Enfin M. Arthur Meyer
s'occupe de la jeune fille. Il charge un vieux
savant, membre de l'Institut, d'exprimer à
son sujet quelques idées pessimistes. Le vieux
savant s'acquitte de la commission avec ru-
desse. « La jeune fille, dit-il, c'était la candeur, la modestie, la fraîcheur rougissante.
Aujourd'hui elle sait ce qu'elle ne devrait pas
savoir, elle parle de ce qu'elle devrait ignorer; elle danse le tango. » Oh! ce tango!
Le moraliste du *Gaulois* ne pouvait l'oublier.
Il lui décoche ses flèches les plus aiguës...
Toutefois il ne se montre point trop rigou-
reux; il n'exige pas la mort du pécheur; il

plaide les circonstances atténuantes… Par la bouche d'un vieux général, il défend la jeune fille contre l'agression du vieux savant et elle sort réhabilitée de cette joute oratoire… « Halte là! monsieur de l'Institut! Il y a au Maroc des jeunes filles qui se dévouent pour nos soldats blessés. » Vous supposez bien que M. Arthur Meyer, boulevardier, ex-habitué de chez Bignon, dineur du Grand-Seize, témoigne quelque amitié aux petites femmes de théâtre. Il nous présente la nommée Crickette, un adorable joujou, auquel Mlle Exiane prête la séduction de sa voix acidulée, de ses grâces menues, de son nez fripon. Crickette bavarde fort gentiment. Elle décrit les merveilles de son hôtel de la rue de Poitiers. Elle a des tableaux, des boiseries, le lit de Mme de Pompadour, la chaise du maréchal de Saxe. Elle reçoit des artistes, des littérateurs, des académiciens, des députés. « Ce qu'ils s'en passent de la pommade! Mes

ministres veulent l'habit vert, mes académiciens un portefeuille... » L'importance so-
ciale de Crickette n'offusque pas M. Arthur
Meyer. Ce sermonneur n'affecte pas la bru-
talité d'un père Bridaine. Il verse dans son
absinthe le miel de la courtoisie... Les trois
actes satiriques de *Ce qu'il faut taire* sont
pleins de saluts coquets jetés à Paris qui
passe, à la rue de la Paix, au boulevard, à Sarah Bernhardt, aux humoristes, à Faivre et
à Sem, aux revuistes de Fémina. Politesses
lancées d'un geste affable, à droite naturellement, aux chefs de l'armée française, et même
à gauche, à la « noblesse républicaine ».
Politesse au *Tigre!*... Notre confrère s'est
mis tout entier dans cette pièce. Elle lui ressemble. Elle contient quarante années de
journalisme empressé, attentif et correct.

Elle est jouée avec ensemble par M. Dumény, comédien toujours sobre, élégant et

de bonne compagnie, par l'émouvante Véra Sergine, l'adroite et jolie Mlle de Pouzols, la piquante Exiane, par le brave vétéran Dieudonné, l'intelligent R. Vincent, par Mmes Marquet, Géraldi et par M. Juvenet, dont la maîtrise s'affirme à chaque création nouvelle.

A. BRISSON.

PERSONNAGES

Pierre CHEVALIER, avocat, député, 50 à 55 ans.

Comte DE RAVINA, 55 à 60 ans.

Me LUISANT, 45 ans.

Marquis DE VILLEPREUX, oncle de la comtesse, 70 ans.

Comte DE LA ROCHEFLEURY, 30 ans.

Sir Edward VINCENOT, 55 ans.

HARRIS, maître à danser, 30 à 35 ans.

M. SAVOURET, membre de l'Institut, 60 ans.

M. Camille DERMOREL, 27 ans.

Le général EUDIÈRES, 66 ans.

M. BOIS-JOLY, juge d'instruction, 45 à 50 ans.

M. André DE VILLEPREUX, jeune interne, fils de la comtesse, 22 ans.

Le PETIT VICOMTE, 25 ans.

Mme Hélène CHEVALIER, 37 ans.

Comtesse DE LA ROCHEFLEURY, 29 ans.

Comtesse DE VILLEPREUX, 45 ans.

Marquise DE LUXEUIL, douairière, 65 ans.

Princesse DE MERCOEUR, 30 ans.

Mme APPLETON, 32 ans.

Mme LA ROUSSELIÈRE, 32 ans.

Comtesse DE RAVINA, 28 ans.

Mlle CRICKETTE, 20 ans.

Mme STROUZZI, 35 ans.

ACTE PREMIER

La scène représente le salon de Mme Hélène Chevalier.
Salon très élégant. Meubles anciens, petits guéridons, bibelots, plantes, fleurs rares, paravents. A gauche, un piano; à
droite, quelques tables de bridge.

SCÈNE PREMIÈRE

HARRIS, Mme APPLETON, LE GÉNÉRAL, SAVOURET.
Au bridge : le marquis DE VILLEPREUX, le comte DE
LA ROCHEFLEURY, BOIS-JOLI, Mᵉ LUISANT.

*(Harris, assis nonchalamment, fume son éter-
nelle cigarette et bat la mesure; une de ses élèves
s'approche.)*

MADAME APPLETON, *déférente.*

Monsieur Harris, voulez-vous me montrer
la deuxième figure du tango?

HARRIS, *s'est levé, à Mme Appleton.*

1, 2, 3-1, 2, 3. *(Puis, impatienté.)* Soyez

moins stiff, diavolo ! Rappelez-vous que votre poitrine ne doit jamais quitter la mienne. *(Il l'appuie contre sa poitrine.)* Jamais, quoi que fassent mes jambes et les vôtres.

MADAME APPLETON, *très humblement.*

J'obéirai, monsieur.

HARRIS

Regardez Ninette. Quel moelleux ! Un rien et elle avait le premier prix à Deauville. Quelle gloire c'eût été pour les femmes du monde !

(Harris s'éloigne en dansant avec Mme Appleton.)

SCÈNE II

Le général EUDIÈRES, M. SAVOURET, puis HARRIS, Mme APPLETON, LINA, UN DANSEUR, UNE JEUNE FILLE. Puis, au fond, CAMILLE DERMOREL, la comtesse DE LA ROCHEFLEURY.

(On entend toujours des bruits d'orchestre.)

SAVOURET

Que dites-vous de cette mode, mon cher général? Une leçon de danse! Le tango, que nous ont expédié les faubourgs de l'Argentine, et que pieusement nos salons les plus élégants ont adopté!

LE GÉNÉRAL

Vous allez un peu loin. Tenez, l'autre jour, j'étais à Sainte-Clotilde, on célébrait un grand mariage; il y avait là deux mille personnes : parmi elles, beaucoup de mères avec leurs filles, de la meilleure compagnie; je gage bien que si elles recevaient...

SAVOURET

Oui, mais alors pourquoi ne reçoivent-elles pas? Elles ont tort; au ton, on mesurerait la différence, tandis que tout le monde juge, moi tout le premier, d'après ce qu'il voit, d'après ce qu'il lit dans les journaux. Vous parlez des jeunes filles, mon général, où les prenez-vous? Il n'y a plus de jeunes filles qu'en province.

LE GÉNÉRAL

Il y en a même à Paris... celles qu'on ne voit pas. Ce sont les meilleures.

SAVOURET

Parlons des autres... La jeune fille, c'était l'être de candeur, de modestie et de sacrifice ! La modestie, la candeur ! Les jeunes filles... *(Sur un mouvement du général.)* Celles qui... *(Il montre des jeunes filles qui dansent)* nous sommes d'accord, savent tout ce qu'elles ne devraient pas savoir, causent de tout ce qu'elles devraient ignorer. Le sacrifice ?...

LE GÉNÉRAL

Halte-là ! Combien j'en ai vu en Tunisie, au Maroc, partout où l'on se bat, se dévouer pour nos soldats blessés qui les bénissaient...

SAVOURET

Mais combien d'autres n'ont pour loi que leur caprice ! Vous les feriez rire si vous leur disiez que tout ce qui est amusant n'est pas permis.

(Harris est rentré avec sa danseuse.)

HARRIS, *à sa danseuse.*

Pour la poitrine, appuyez encore un peu,

et ce sera parfait. Étudiez-moi les jambes,
Lina ! Prenez monsieur. A vous, mademoiselle.
M'avez-vous bien regardé? M'avez-vous com-
pris, go easy?

LA JEUNE FILLE

Oui, maitre.

(Harris disparait avec sa danseuse.)

SAVOURET

Ah! quelles femmes cela nous donnera-
-t-il?

LE GÉNÉRAL

Votre erreur est de généraliser. Vous vous
croyez toujours à l'Institut, mon cher ami.
Tenez, la maitresse de céans, Hélène Chevalier!
Elle fut de ces jeunes filles ultra-modernes.
Et c'est une femme exemplaire...

SAVOURET

Hum!

LE GÉNÉRAL

Je l'estime et je l'admire. Je ne saurais la
laisser attaquer. Que voulez-vous dire?

SAVOURET

Rien, sinon que je sais peu d'unions plus mal assorties. Elle, dégagée, par éducation et par nature, de tout ce que notre jolie société appelle des préjugés. Lui, l'avocat le plus éloquent de toutes les nobles causes, le champion et le leader de la monarchie...

LE GÉNÉRAL

Il ne l'a pas toujours été...

SAVOURET

Je le sais. Fils d'un petit médecin de village, Pierre Chevalier était pressé d'arriver. Il s'est d'abord jeté à corps perdu dans le parti avancé. Avocat, journaliste, publiciste, un livre l'a fait entrer dans la grande célébrité par son mélange d'audace révolutionnaire et de pitié vraiment humaine. Il a été quelque temps l'auteur de *la Loi du plus faible*. Il a été l'anarchiste devant qui tremblait le pouvoir, dont s'engouait l'opinion publique, dont les femmes raffolaient.

LE GÉNÉRAL

Les femmes ont toujours aimé le petit fris-
son. J'admire que notre ami soit revenu de si
loin et ne se soit pas arrêté à mi-chemin
comme tant d'autres. C'est de l'héroïsme! La
vie l'en récompense-t-elle? Nous verrons bien.
Venez-vous faire un bridge?

*(Le général et M. Savouret s'éloignent. La
comtesse s'avance, au bras de son danseur,
M. Dermorel.)*

LA COMTESSE DE LA ROCHEFLEURY

Vrai, mon petit Camille, je ne danserai
plus avec vous, vous rendez le tango impossible. Façonnez-vous sur Harris.

CAMILLE

Joli modèle!

LA COMTESSE

Il est d'une familiarité révoltante, c'est
entendu, mais ses mouvements sont discrets,
tandis que vous, vous appuyez, vous appuyez,

c'est inconvenant! Et moi qui vous prenais pour un camarade!

CAMILLE

Un camarade qui sollicite de l'avancement.

LA COMTESSE

A chacun pour son grade, mon cher. Oui, je me déshabille selon la mode de demain ; oui, je fredonne les chansonnettes des music-halls ; oui, je cours le soir les bouis-bouis de Montmartre, et parfois je m'arrête au Café de Paris.

CAMILLE

Et on vous y remarque. Vous faites assez de potin !

LA COMTESSE

Possible. Je souffre enfin qu'Harris m'appelle Ninette en public, quand il parle de moi, mais ce n'est pas une raison, ainsi que vous vous l'imaginez, pour que je sois Ninette dans l'intimité pour le premier venu qui m'offrira le roman d'une heure ou l'intérim de quelque grande passion usée ou absente ! J'aime l'amour, c'est

ѵ vrai, je n'ai pas besoin du vôtre, car j'ai un ᴠ
ʙ amant, mon cher.

CAMILLE

Il n'y a que le premier amant qui coûte.

LA COMTESSE

Oui, mais le premier sera le dernier.

CAMILLE

Je sais. Pour les femmes c'est toujours le
ɪ premier, ça leur permet d'en prendre sans
› compter. Dites-moi qui c'est?

LA COMTESSE

L'impertinent! Tâchez de deviner.

CAMILLE

J'ai horreur des charades; c'est trop coco. ᴠ

LA COMTESSE

Vous n'êtes guère futé, pour le secrétaire
d'un grand homme. Eh bien! Mon tout se
moque de mes amoureux; mon amant, le premier et le dernier, c'est mon Ma, ma, Ri, ri,
c'est mon mari. Ne prenez pas l'air étonné, ⟩
ce n'est pas poli pour lui. Il est vrai qu'il s'en

fiche. Allons, vous me devez un gage, offrez-
moi une tasse de thé, nous serons quittes.

(Ils se dirigent vers le buffet. Harris entre.)

SCÈNE III

HARRIS, la princesse DE MERCŒUR,
Mme LA ROUSSELIÈRE, puis HÉLÈNE, ANDRÉ.

MADAME LA ROUSSELIÈRE, *à Harris.*

Ah ! montrez donc à Mme de Mercœur votre
bracelet, monsieur Harris.

PRINCESSE DE MERCŒUR

Montrez ! Montrez ! Très joli.

HARRIS

C'est un cadeau de Gogo, la petite baronne.
Ces dames me gâtent, et bientôt j'aurai ma
vitrine, comme rue de la Paix.

*(Ils se dirigent vers le buffet. — Hélène Che-
valier et André de Villepreux arrivent en dansant. Villepreux salue sa danseuse.)*

HÉLÈNE

Merci, monsieur, vous rendez le tango presque respectable! Du coup vous avez gagné
mon estime. C'est bien. Voilà plusieurs fois
que je consens à danser avec vous!... Vous
soupirez, vous rougissez, peut-être des mots
d'amour sont-ils sur vos lèvres?

ANDRÉ

Oh! madame, je n'oserais pas... mon respect... mon admiration...

HÉLÈNE

Ne m'aimez pas. Je suis trop loyale pour
vous donner le moindre espoir.

ANDRÉ

Mais, madame... Je ne me permettrais pas
d'espérer.

HÉLÈNE

Vous souffririez. Je vous arrêterais dans
votre vie de travail... et puis songez que vous
êtes le fils de ma meilleure amie. Là, regret-
tez-moi un peu; c'est l'hommage que je

souhaite, et maintenant, je vous quitte, mes devoirs de maitresse de maison me réclament.

ANDRÉ

Adieu, madame.

HÉLÈNE, *souriante.*

Pas adieu, au revoir. *(Puis.)* Pauvre petit!

SCÈNE IV

HÉLÈNE, LE PETIT VICOMTE, puis LE MARQUIS au bridge et Camille DERMOREL.

(Au moment où Hélène veut se rapprocher de la table de bridge, le petit vicomte, qui la croise, la salue respectueusement et lui baise la main. Puis il la regarde avec surprise.)

LE PETIT VICOMTE

Oh! comme vous voilà joyeuse, vous si grave d'habitude. Ça vous va à merveille. A votre place, je me mêlerais davantage à tout ce monde si gai, si vivant.

HÉLÈNE

Si vous vous trompez si aisément sur moi,
vous qui me connaissez, c'est que je remplis
bien mes devoirs de maîtresse de maison. La
vérité, c'est que je ne me suis jamais sentie
aussi seule que dans tout ce bruit que font
mes invités. J'éprouve comme de la honte de
n'être pas une femme comme les autres.

LE PETIT VICOMTE

Vous êtes peut-être un peu exigeante : vous
demandez aux joies de la vie plus qu'elles ne
peuvent donner. Voyez Mme Appleton.

HÉLÈNE

Elle est tellement frivole !

LE PETIT VICOMTE

Voyez Mme de La Rochefleury !

HÉLÈNE

Oh! elle l'est peut-être encore davantage.

LE PETIT VICOMTE

Eh! Eh! Je ne suis pas de votre avis.

HÉLÈNE

Je ne dis pas qu'elle ne soit pas très bonne ; je l'aime infiniment. Elle a su se plier aux goûts de M. de La Rochefleury. C'est peut-être la sagesse. Je lui suis probablement inférieure, puisque, malgré la bonté de mon mari, malgré sa supériorité, je sens grandir autour de moi cette sensation de vide dont je m'excuse de vous avoir parlé

(A ce moment le marquis appelle Camille Dermorel à la table de jeu.)

LE MARQUIS

Monsieur Dermorel, venez donc nous donner un conseil.

DERMOREL, *qui s'est approché de la table de jeu.*

Sans atout, parbleu...

HÉLÈNE, *continuant, elle a aperçu Dermorel.*

Ne pensez plus d'ailleurs à ce que je viens de vous dire... Je suis un peu nerveuse aujourd'hui...

DERMOREL *s'est avancé vers Hélène et le petit vicomte. A Hélène.*

Je craignais de vous déranger en venant vous saluer.

(Il la salue.)

HÉLÈNE

Vous avez donc pu vous arracher à votre travail? *(S'adressant au petit vicomte.)* Je vous laisse avec votre ami; je dois m'occuper de mes invités.

(Hélène sort.)

SCÈNE V

CAMILLE DERMOREL, LE VICOMTE, puis HÉLÈNE au buffet et la comtesse DE VILLEPREUX, au bridge.

LE PETIT VICOMTE

Dites-moi, très cher, vous venez au bal japonais? Je vous le dis carrément : ce sera épatant. La cousine faisait des chichis pour nous

inviter, je lui ai dit : « Vous, snob, une Mon-
soreau ! » C'est à pouffer! On l'a eue, votre in-
vitation. Mais n'allez pas me plaquer ce soir.

CAMILLE

Pensez-vous!... Je me suis confectionné un
costume de communard japonais flamboyant.
(Un peu férocement.) Flambez, finances!

LE PETIT VICOMTE

Brr! Je sens déjà le roussi!

CAMILLE

Remettez-vous, je ferai la part du feu. Vos
petites mousmées parisiennes seront enchan-
tées d'ailleurs d'avoir peur. Des fois que je
manquerais mon effet, en n'y allant pas!

LE PETIT VICOMTE

Même si la femme du monde vous le demande? Vous cherchez la grande passion...
la belle Hélène n'est pas une femme de cinq à
sept, croyez-moi, je la connais bien!

CAMILLE

Ah çà! très cher petit vicomte, vous ne

comprendrez donc jamais qu'un monde nous sépare, celui où vous êtes né. Vous y vivez naturellement; quand j'y parviens, c'est une victoire, comme chez votre cousine dont vous avez dû forcer la porte. Merci. *(Il lui serre la main.)* Les femmes de votre monde, c'est votre domaine. Moi, j'éprouve une joie âcre à les conquérir bien plus qu'à les posséder. Pour y réussir, je joue toutes les comédies, le drame au besoin, *(Riant.)* à la japonaise. Après la conquête, ça ne m'amuse plus et je le leur montre. C'est ma revanche.

LE PETIT VICOMTE, *montrant Mme Hélène
Chevalier.*

Conquérez, petit; moi, avant, après et même pendant, je trouve ça très amusant. A ce soir, si vous pouvez, et soignez-vous. Vous êtes diablement... pâle. *(Dermorel fait le geste de mettre la main à la poche de son gilet.)* Encore! Et votre promesse?

(Dermorel retire brusquement sa main. Mme Hé-

lène Chevalier s'est approchée. Le petit vicomte lui baise la main, salue et se retire en souriant.)

SCÈNE VI

Hélène CHEVALIER, Camille DERMOREL

HÉLÈNE, *assez haut.*

Je suis très contente de voir qu'on peut vous distraire. *(Puis plus bas.)* J'ai donné une leçon de danse : j'ai dansé le tango, j'ai même invité Mlle Crickette, avec son répertoire, pour vous plaire. Pour moi, mes joies ne sont pas celles-là. Oh! combien plus douces nos conversations, nos lectures, nos rêveries, tout ce qui rapprochait nos esprits! Mais je sais qu'il vous faut d'autres plaisirs, je les ai fait venir à vous pour que vous ne soyez pas tenté de les chercher ailleurs. Êtes-vous content? Dites-moi que vous êtes content.

CAMILLE

Je vous aime.

HÉLÈNE

Pas ce mot-là, je vous le défends.

CAMILLE

Soit. Mais je vous jure que je suis très malheureux.

HÉLÈNE

Je ne veux pas que vous disiez de pareilles choses. J'ai horreur du mensonge, vous le savez. Si je vous écoutais, il faudrait mentir à mon mari pour lui dissimuler ma joie d'être aimée, et si jamais il avait un soupçon, même pour lui épargner une douleur, même pour détourner de nous un danger, je ne pourrais pas mentir, je ne saurais pas.

CAMILLE

Alors, vous me défendez de vous aimer, vous me défendez d'espérer?

HÉLÈNE

Non. Mais je ne veux pas me partager. Pour moi, le mariage n'est pas un sacrement, c'est seulement un contrat, je veux donc pouvoir le résilier et en signer un autre, pour toujours cette fois. Êtes-vous prêt, vous, à me donner toute votre vie?

CAMILLE

Cette question? Elle vous appartient.

HÉLÈNE

Merci. Qui sait? J'aurai peut-être un jour à vous la prendre.

CAMILLE

Je vous l'ai dit : disposez de moi.

HÉLÈNE

Oui, je sais, je vois, je sens. Eh bien, pour aujourd'hui, mon grand ami, je vous ordonne de vous amuser, votre plaisir est mon plus grand bonheur.

CAMILLE

Laissez-moi vous dire, au moins, combien je

vous suis reconnaissant, combien vous êtes ¡
belle... Cette robe...

HÉLÈNE

Chut! Chut! On nous regarde.

SCÈNE VII

HÉLÈNE, la comtesse DE VILLEPREUX, le marquis DE
VILLEPREUX, la comtesse DE LA ROCHEFLEURY,
BOIS-JOLI, le comte DE LA ROCHEFLEURY, M⁰ LUI-
SANT, à une table de bridge.

(Conversation tout bas pendant les danses.)

HÉLÈNE, *à la comtesse de Villepreux.*

Votre partie est terminée? Acceptez le bras de
M. Dermorel qui va vous conduire au buffet. '
Ces messieurs ne détestent pas prendre leur thé
en jouant et en bavardant librement, n'est-ce
pas, messieurs?

MARQUIS DE VILLEPREUX

Mais oui, nous causerons entre hommes.

COMTESSE DE VILLEPREUX

Alors vous allez en dire de raides. Attendez-moi.

(*Des domestiques apportent le thé, des toasts et des cigarettes, avec des allumoirs.*)

HÉLÈNE

Vous pouvez allumer une cigarette, messieurs : vous le voyez, la comtesse vous donne l'exemple. (*Elle montre la comtesse de La Rochefleury.*) C'est la mode, aujourd'hui. (*Ces messieurs se récrient.*) Oui, la dernière mode.

(*Hélène s'éloigne avec Mme de Villepreux, en faisant toutes deux un petit geste de la main.*)

LA COMTESSE

Je reviens, vous savez.

BOIS-JOLI, *après avoir allumé sa cigarette.*

Nous l'attendons, certainement, votre nièce... Où serait le ragoût si on ne faisait pas un peu rougir les femmes !

LE MARQUIS

Vous êtes un sadique, Bois-Joli. Les huis clos vous ont perverti.

BOIS-JOLI

Si les femmes savaient ce qui se cache derrière les murs des huis clos! J'en ai souvent prononcé quand j'étais au Parquet. C'est comme à la foire. On empêche les enfants d'entrer dans le musée secret, on a bien tort, ces horreurs les dégoûteraient de certaines amours pour toute leur vie.

COMTE DE LA ROCHEFLEURY

Vous devriez bien dire ça à ma femme... Elle raffole de la Cour d'assises. Elle n'a manqué aucune audience de l'affaire Steinheil. L'autre jour, elle est allée, vous savez bien... l'affaire Rémy, le maître d'hôtel, le petit valet de chambre... Votre collègue a réclamé le huis clos, elle a protesté, on l'a expulsée; en rentrant, elle s'écriait encore : « On m'a volée! » Ce que je me roulais! Tout de même, voyez-la et tâchez de la raisonner un peu.

BOIS-JOLI

J'ai essayé plusieurs fois de la rencontrer, mais je n'ai pas eu la chance...

LE COMTE

C'est que vous n'allez pas assez souvent où elle va, où nous allons, car nous ne nous quittons pas... Pourquoi vous étonnez-vous de ne pas la rencontrer, si vous ne faites rien de ce qu'elle fait?

BOIS JOLI

Mais à quelle heure votre femme s'occupe-t-elle de ses enfants?

LE COMTE

Les enfants!... Trop tôt!... Ma femme aurait peur que pendant la grossesse... Vous avez vu Francillon?... Des enfants, nous en aurons quand nous nous aimerons moins.

LE MARQUIS

Vous êtes le ménage selon les albums de Guillaume et d'Abel Faivre.

LE COMTE

Nous sommes les meilleurs camarades du monde. Est-ce qu'on ne se marie pas pour mettre tout en commun? Ma femme est une bonne fille, je suis un bon garçon, elle sait que j'aime aller dans les endroits où l'on s'amuse. Elle aime mieux m'y accompagner que de me savoir seul. C'est plus sûr. Moi, je préfère y aller avec elle, parce que j'aime sa compagnie et que je fais ainsi l'économie d'une maîtresse. Nous sommes comme ça un tas de petits ménages; souvent nous nous réunissons pour faire la fête ensemble.

LE MARQUIS

Et vous ne vous trompez jamais de femmes?

LE COMTE

Un chassé-croisé, vous retardez. On ne

danse plus les lanciers. D'ailleurs nos femmes
nous adorent... Tenez, tout à l'heure, le jeune
Dermorel, le parfait secrétaire! Je ne sais pas
ce qu'il a dit à ma femme. Je ne sais pas ce
qu'elle lui a répondu, il n'avait pas l'air content
quand il l'a quittée. Ce qu'elle a dû le remiser!

BOIS-JOLI

Vous le connaissez beaucoup, M. Dermorel?
On le dit remarquablement doué?

LE COMTE

Très moderne, en tout cas. Je le rencontre
partout, et Dieu sait si j'y vais! Il va même
plus loin. Regardez-le, il est rasé comme un
Américain, pâle et svelte comme un homme
du Nord, souple comme un Oriental! Il danse,
il flirte, il soupe, on le consulte au bridge, on
le voit à toutes les premières, à toutes les confé-
rences, à toutes les expositions. Il écrit même
des notes d'art dans les revues d'avant-garde.

BOIS-JOLI

Je l'ai entendu l'autre jour à la neuvième

chambre, Chevalier lui avait passé une cause.
Il parlait avec une rare chaleur. On racontait
au Palais qu'après sa plaidoirie il avait failli
avoir une syncope. Le médecin, interrogé,
aurait parlé d'éther ou d'opium, je ne sais
trop. Ce jeune secrétaire est inquiétant.

LE MARQUIS

Un mystère ! Oh ! que c'est amusant. Dites
donc, Bois-Joli, est-ce qu'il est auprès de
Chevalier depuis longtemps, votre beau téné-
breux ?

BOIS-JOLI

Très longtemps… Oui ! Oui ! Je me souviens,
Chevalier était allé à Bruxelles pour enterrer
son ami des premières heures, le grand révolutionnaire exilé. Il a ramené le petit Camille ;
depuis ce moment, il le traite comme son fils.

LE COMTE

Vous nous en direz tant !

MAITRE LUISANT

Vous vous égarez. Chevalier fut un chaste,

et c'est un honnête homme. Si c'était un enfant de l'amour, il ne le garderait pas dans sa maison. Chevalier lui marque une véritable tendresse. Il a ses raisons, croyez-le bien.

LE MARQUIS

Vous n'allez pas nous raconter que Chevalier est un tendre.

MAITRE LUISANT

Nul n'est trompeur comme un impassible. Je m'en défie comme des violents qui deviennent modérés.

LE MARQUIS

La tendresse de Chevalier est, en tout cas, singulièrement indulgente, mais voici Harris et toutes ses jeunes folles. Jouons-nous? *(Il regarde son jeu.)* Pique royal.

(La partie reprend.)

SCÈNE VIII

Les mêmes, HARRIS, LES DANSEURS, LES DANSEUSES, la comtesse DE LA ROCHEFLEURY, LES INVITÉS, UN DOMESTIQUE, HÉLÈNE, Camille DERMOREL, comtesse DE VILLEPREUX, puis CRICKETTE.

HARRIS, *descendant du buffet avec un groupe de danseuses.*

Allons! Tout le monde pour la figure finale, puis dislocation générale.

Un domestique entre et parle bas à Mme Chevalier.

HÉLÈNE, *à Camille.*

On m'annonce Mlle Crickette. Allez la chercher! *(Souriant.)* Il paraît que nous l'intimidons. *(A Harris.)* Merci de vos leçons, Harris, mais vous aurez beau faire, je sens que je n'ai pas la vocation.

(Mlle Crickette entre, au bras de Camille.)

CRICKETTE, *tout en s'avançant, à Camille.*

Dis donc, petit, c'est ça que tu appelles ton bureau ? Très moutarde ! J'y prendrais bien pension.

(En les apercevant, la comtesse de Villepreux dit :)

LA COMTESSE

Jolie paire !

HÉLÈNE

C'est vrai !... *(Elle les regarde un instant, inquiète, puis à Mlle Crickette.)* C'est gentil de vous être dérangée ! Qu'allez-vous nous dire ?

CRICKETTE, *après avoir salué, souriant.*

Vous pouvez choisir, madame, j'ai deux répertoires : un pour les grandes personnes qui aiment à rire, l'autre...

HÉLÈNE

Pour les jeunes filles qui peuvent entendre, mais sans sourire. C'est celui que je préfère.

CRICKETTE

Je saisis la formule. Une goutte de fleur

d'oranger dans un grand verre de whisky.

(Crickette se rapproche du pianiste et du violoniste. Bruit de chaises, accords du pianiste. On s'assied par groupes sympathiques. Pendant les préparatifs, les joueurs ont continué, puis s'arrêtent un instant.)

LE MARQUIS

Elle a de l'esprit, la gamine. Je l'ai vue pas plus haute que ça chez notre grande Sarah. Sarah l'avait prise en amitié à cause de sa mère qui reprisait ses dentelles. Elle l'a fait d'abord entrer dans sa troupe, mais la petite n'avait aucun goût pour le classique. Elle a sauté sur le premier café-concert qui exigeait plus de gorge que de voix. La voix est venue et la gorge est restée. Maintenant, elle travaille. J'ai eu sa visite l'autre jour. Savez-vous ce qu'elle m'a déclaré? « Je veux entrer à l'Opéra » ; et vous verrez qu'elle y entrera. Mais écoutons, ça va être d'un drôle!...

CRICKETTE, *s'avançant vers la rampe, un papier*

à la main.

Ma romance? Mesdames, messieurs, *Si les*

femmes avaient voté. C'est de circonstance.

(Paroles de M. Barde. — Air : *Je l'sais.*)

I

Si, comme on l'voulait, les femmes avaient voté,
Cela boul'versait la Chambre des députés :
     Les femmes, devenu's ses membres,
     Seraient fièr's d'êtr' femm's de chambre;
On aurait pu voir avec étonnement
Le budget s'boucler en deux temps, trois mouvements,
Car les contributions vous trouvent dispos
D'vant un' femme qui vous porte à l'impôt.
     Les socialos sont gens d' salon,
        On l'sait!
     Ils sont rouges jusqu'au talon,
        On l'sait!
     A la tête ils s'énumèrent
     Tout's les épithètes d'Homèr'.
D'vant les femm's ils ne penseraient plus qu'à dire mer-
     Ci, car ils sont doux et polis,
        On l'sait!
     Si l'une avait l'minois joli,
        On l'sait!
Ils lui propos'raient viv'ment le vot' par arrondiss'ment :
     Ell'd'viendrait l'enceint' du Parlement.

Mlle VÉRA SERGINE

(Hélène Chevalier)

II

On aurait vu, si les femmes avaient voté,
En pleine buvette, changée en tango-thé,
        Jaurès gras comme une outarde,
        Pinçant une Très-Moutarde ;
Et les unifiés sans union,
Qui chang'nt de chemis' moins souvent qu'd'opinion,
Délaissant la gauch', auraient demandé à genoux
A fair' la dans' du centre avec nous.
        Mais les femmes n'ont pas voté,
                On l'sait !
        Ell's gard'nt tout d'même' le bon côté,
                On l'sait !
        L'homm' qui d'vient ministr' soudain
        Prend l'goût des plaisirs mondains
Et devant les femm's garde un petit air d'in-
        Diquer que pour peu qu'on le veuill'
                On l'sait !
        C'est son lit qu'est en portefeuill'
                On l'sait !
        La femme n'a qu'à vouloir,
        Elle sait que pour prévaloir
        Ell' doit fair' voter dans l'isoloir.

TOUS LES SPECTATEURS

Bravo ! Bis !

(Crickette bisse.)

3

HÉLÈNE, *s'approchant de Crickette, quand elle a fini.*

Tous nos compliments, mademoiselle! Encore un peu vif, mais aujourd'hui!... Venez donc prendre quelque chose, je vous prie.

CRICKETTE

Merci... Je chante dans la revue de Fémina... Je craindrais pour mon grand air... mais je vous suis. je vous regarderai...

HÉLÈNE

Prendre une tasse de thé?

CRICKETTE

Aller... venir... vous lever... vous asseoir... causer... vivre enfin... Si je joue jamais une femme du monde!

HÉLÈNE

Tout arrive.

CRICKETTE, *saluant.*

Je ne pourrais pas trouver un meilleur modèle. Un vieux marcheur de mes amis, Villepreux, m'a dit cent fois que c'était ainsi autrefois, mais qu'aujourd'hui tout est à l'envers et que c'est nous qu'on copie maintenant.

(En se dirigeant vers le buffet, Crichette aperçoit le marquis de Villepreux assis à la table de bridge. Elle le désigne à Mme Chevalier.)

CRICKETTE

Tenez, madame, voilà le coupable! Bonjour, Villepreux.

VILLEPREUX

Bonjour, gamine! *(Puis elle fait un petit signe amical à La Rochefleury, toujours assis à la table de jeu.)* Vous le connaissez donc aussi, ma petite protégée?

COMTE DE LA ROCHEFLEURY

Comme tout le monde. Il y avait un concours de tango à Deauville. Les femmes du monde distribuaient les prix, mais les femmes du monde et les demoiselles étaient admises à concourir. Doux mélange, on m'avait prié de choisir les prix. Je suis allé chez Strouzzi, le grand antiquaire, avec Dermorel ! Les femmes n'aiment plus que les bibelots. C'est Crickette qui a gagné le premier prix, ma femme n'a eu que le second. Elle en a bien souffert, moi aussi

MARQUIS DE VILLEPREUX

Vous permettez le tango à votre femme ?

LE COMTE

Comme beaucoup de maris. Ma femme est d'un passionné ! Alors tout s'en va dans le tango.

(Effet de scène pendant la fin des dialogues. Les domestiques sont venus reprendre les petites tables sur lesquelles le thé était servi. Mouvement.)

LE MARQUIS

Dites donc, Bois-Joli, êtes-vous allé à Deauville ?

BOIS-JOLI

Oui, mais seulement cette année. J'évite la première représentation, je risquerais trop d'y rencontrer d'anciennes connaissances.

LE MARQUIS

Eh bien, nous irons ensemble à la seconde
l'année prochaine. Est-ce que vous croyez que
ça durera, Bois-Joli?

BOIS-JOLI

Les avis sont partagés. Le richissime Américain Smith, de la maison Smith, Joffre
and C°, a payé un terrain au poids du dia-
mant.

LE MARQUIS

Oui, mais ma nièce, qui est une femme fort
avisée, a vendu sa villa. Elle ne veut pas
ramener sa fille à Deauville. La petite lui a
demandé l'autre jour : « Comment se fait-il,
maman, que notre amie la comtesse Platoff
s'assoie à la table de jeu à côté de Mlle Crickette, et s'associe avec elle pour tailler une
banque ? » Ma nièce s'est un peu étonnée que
sa fille sût le nom de Mlle Crickette et connût
les termes des joueurs, mais à Deauville, partout comme ailleurs, on parle de tout, de tous

et de toutes devant les jeunes filles. Vous avez entendu ce qu'on a chanté devant elles dans une maison respectable ! Quelle éducation !... Voyez-vous, mes amis, j'ai une opinion !

BOIS-JOLI ET LE COMTE, *ensemble*.

Vous ?

LE MARQUIS

Oui, moi. J'en ai même plusieurs, et je les choisis pour taquiner mes amis. Aujourd'hui, je serai « Second Empire ! »

SCÈNE IX

LE MARQUIS, BOIS-JOLI, LUISANT, LA ROCHE-FLEURY, la comtesse DE LA ROCHEFLEURY, puis CRICKETTE, DERMOREL, HÉLÈNE, la comtesse DE VILLEPREUX, PIERRE CHEVALIER.

LA COMTESSE DE LA ROCHEFLEURY, *qui a quitté le buffet au bras d'un danseur, s'adressant au marquis de Villepreux.*

Tout comme papa. Je le connais, votre couplet sur le Second Empire. Cora Pearl, les daumonts jaunes, madame Musard, le Grand-Seize, Mabille et Thérésa! Allons, osez le dire, que la corruption impériale, c'est une rengaine, et que c'est nous qui manquons de tenue.

(En disant ces derniers mots, elle s'assied assez brusquement pour montrer ses jambes presque jusqu'aux genoux.)

MARQUIS DE VILLEPREUX, *prenant son lorgnon pour mieux voir. Les bridgeurs se lèvent pour regarder.*

N'est-ce pas, messieurs, que ce sont les plus belles jambes de Paris? Un joli lever de rideau!

LA COMTESSE

Oui-dà! Mais pour la grande pièce il n'y a qu'un spectateur, toujours le même.

LE MARQUIS, *s'inclinant.*

Jugeons donc avec pièces à l'appui! Eh bien, de mon temps, de pareilles jambes, on les lais-sait deviner; aujourd'hui, on les étale. Toute

la différence est là. Vos chères mamans
savaient le prix du respect.

LA COMTESSE, *les autres joueurs se lèvent.*

C'est roulant! Villepreux devenu respectueux.

LE MARQUIS

Je le suis à ma manière. Quand il n'y a pas
de respect, il n'y a pas de blague possible et,
sans la blague, Paris n'est plus Montmartre,
c'est la Villette... tout au plus. Fini Forain!
fini Sem! Voyez-vous, petite, le respect,
c'est comme la palissade, ça donne le dé-
sir violent de voir ce qu'il y a derrière.
Vous n'avez pas l'air de savoir votre métier
de coquette. Voulez-vous que je vous l'ap-
prenne?

LA COMTESSE

Allez-y, bon petit Faust.

LE MARQUIS

Voici mon ordonnance : du sport, il faut son-
ger que vous faites nos petits soldats, mais sans

excès. Le sport entraine à trop de camara-
derie avec les hommes, un peu suffit. Trop les
excite à vous traiter en garçon, vos horribles
costumes tailleurs les encouragent suffisam-
ment.

LA COMTESSE

C'est tout ?

LE MARQUIS

Non, ne tolérez pas devant vous des propos
de corps de garde. Interdisez qu'on vous
aborde, le chapeau sur la tête, ou qu'on ose
vous parler après avoir quitté ces demoiselles.
Ah ! j'oubliais : évitez qu'on vous détaille à
travers vos voiles de Persanes, d'almées ou
d'odalisques. Laissez quelque chose à vos
maris ou… à vos amants.

LA COMTESSE, *désignant Mme de Ravina*.

Y a du bon, y a du bon dans tout ça. Mais
vous ne parlez pas pour Mme de Ravina. Depuis la mort de son dernier ami, elle s'est
comme murée dans sa guimpe.

LE MARQUIS

Oui, la guimpe du renoncement! Mais les autres ne renoncent pas, voyez!

LA COMTESSE

Voici votre nièce. Je vous laisse. Pas besoin de prêcher avec elle. Elle s'est convertie avec l'âge.

LA COMTESSE DE VILLEPREUX *s'est rapprochée*
de la table des joueurs et s'assied.

Eh bien, cette partie est finie?

(Sortie de Crickette. Les joueurs reprennent le bridge.)

HÉLÈNE *serre la main aux derniers invités,*
puis dit à Dermorel.

Mme de Villepreux me faisait remarquer que vous faisiez un joli couple avec Mlle Crickette. Elle avait raison. *(Sur un signe de Dermorel.)* Oh! je ne suis pas jalouse! Je pourrais le devenir! La jalousie ressemble tellement à l'amour.

(Ils s'éloignent vers la porte.)

LE MARQUIS

J'allais en conter une bien bonne à ces messieurs. Je peux? *(La comtesse fait un signe affirmatif à son oncle. Le marquis s'arrête et, sur un signe interrogateur de sa nièce, répond.)* J'attends que le domestique soit rentré, je veux qu'il en prenne sa bonne part! *(Le marquis reprend quand il aperçoit le domestique qui range tout sur les tables, et s'arrête pour écouter.)* Imaginez-vous que je suis allé à Villepreux! J'aime cet endroit où tous les miens sont nés. Je suis entré à l'église, c'était un dimanche, et voici ce que disait, pour terminer son sermon, le brave curé qui m'enterrera, j'espère : « Mes filles, restez pures. Songez que vous risquez les peines éternelles pour un plaisir qui, au dire des personnes autorisées, ne dure au plus que vingt minutes. »

LA COMTESSE

Mon oncle, vous lui avez dit : « Flatteur! » Non? Eh bien, je le lui dirai quand je le verrai. *(Elle aperçoit Chevalier qui entre. Elle était assise, elle se lève.)*

(Le général Eudières prend la place de la comtesse, le bridge continue.)

SCÈNE X

La comtesse DE VILLEPREUX, Pierre CHEVALIER,
puis ANDRÉ, puis UN DOMESTIQUE

LA COMTESSE

Savez-vous que c'est très bien? Vous avez l'air de rendre visite à votre femme et vous arrivez tard comme il convient.

PIERRE

J'ai retenu vos leçons, je tâche d'être un homme du monde.

LA COMTESSE

Vous exagérez mon mérite. Pour quelques leçons de bonnes manières!

PIERRE, *avec bonhomie.*

Vous êtes trop modeste, vous ne voulez donc pas vous souvenir?

LA COMTESSE

Je me souviens. C'est chez moi, à une heure qu'on n'oublie pas, dans la chambre de l'abbé Gilbert, que je vous vis pour la première fois.

PIERRE

Je vous avais à peine entrevue à Villepreux. Vous étiez la demoiselle du château.

LA COMTESSE

Vous aviez été gravement malade.

PIERRE

Ma mère, accourue dès la première nouvelle, avait amené le brave curé à mon chevet. Pour lui complaire, j'avais consenti à causer avec lui.

LA COMTESSE

Il avait fait le premier pansement à votre âme!

PIERRE

Et vous l'avez guérie! Votre sourire a fait

ce miracle. Si jamais je deviens grand, c'est à vous que je le devrai. Voyez-vous, ma chère amie, si l'on regardait d'un peu près, on trouverait toujours au début des hommes qu'on célèbre, plus ou moins justement, la caresse d'une mère adorée ou le sourire d'une femme aimée.

LA COMTESSE

Mais vous l'avez tout près de vous, ce sourire, il est même rajeuni.

PIERRE

Comme vous parlez bien de celle que j'aime !

LA COMTESSE

LA COMTESSE, *apercevant un domestique qui passe, le retient, puis, s'adressant à Pierre.*

Une tasse de thé, n'est-ce pas ?

PIERRE

Merci, un verre de Xérès.

LA COMTESSE

Comme autrefois. *(Plus mélancoliquement.)*

J'étais veuve quand je vous ai rencontré. Le
monde semblait vouloir ignorer ma faute. Il a
de ces partialités qu'on n'explique guère. Indulgent aux unes, il est impitoyable aux autres!
Pourquoi? Ma fille avait cinq ans, mais mon
fils grandissait. Quel crédit, quelle autorité
aurais-je pu conserver sur son cœur, si j'avais
laissé un seul soupçon s'insinuer dans son
esprit? Il m'a fallu du courage pour me séparer
de vous. Dieu m'a aidée. Mon fils m'en a
récompensée. Il est intelligent, il a le goût du
travail. Il est généreux et énergique. Aujour-
d'hui, il finit sa médecine. Le voilà interne à
Lariboisière, dans le service du docteur Flo-
rent. C'est encore une manière d'être soldat,
comme ses ancêtres.

PIERRE

Il a changé de danger, voilà tout.

ANDRÉ DE VILLEPREUX, entrant.

Votre voiture est là, maman. *(A Pierre.)* Bonjour, monsieur.

LA COMTESSE, *à son fils*.

Va me chercher ma cape, mon chéri.

(André sort.)

PIERRE

Le cher enfant avait quinze ans quand vous m'avez conseillé de me marier.

LA COMTESSE

Il vous fallait une maison. Je vous ai présenté trois fiancées. Vous avez choisi la plus belle, celle qui était le plus près de mon cœur. Était-ce bien celle qui vous convenait?

PIERRE

Certes, Hélène est une nature toute de franchise et de spontanéité.

LA COMTESSE

C'est vrai, sa nature est un peu entière. Aussi, pousse-t-elle ses sentiments jusqu'au paradoxe, jusqu'à la folie. Je ne vous ai pas caché qu'elle n'avait reçu aucune notion de morale ni de religion et qu'elle estimait que la conscience suffit à diriger les actions humaines.

Vous étiez prévenu. Vous avez voulu jouer la difficulté.

PIERRE

Ai-je eu tort?

LA COMTESSE

Non, certes, vous êtes un joueur heureux. Vous avez gagné la partie. Vous aimez Hélène, Hélène vous comprend et vous admire. Elle vous a donné trois beaux enfants.

PIERRE

Je suis heureux, trop heureux! Cela m'effraie parfois!

LA COMTESSE

Ne vous défiez pas du bonheur. Il n'aime pas cela. Défiez-vous plutôt de vous-même.

PIERRE, *déjà inquiet.*

Que voulez-vous dire?

LA COMTESSE

Seulement ceci : J'ai songé souvent que vous étiez, Hélène et vous, deux métaux précieux, quelque peu identiques, et je me suis demandé

4

si ces deux métaux allaient se fondre ensemble
ou se heurter, et, s'ils se heurtaient, lequel des
deux resterait intact. J'avais peur, j'ai toujours
peur...

PIERRE

Peur, vous? De quoi? Hélène vous a-t-elle fait
quelque confidence qui puisse vous inquiéter?

LA COMTESSE

Aucune. Seulement, depuis quelque temps,
il me semble remarquer chez elle un peu de
tristesse, elle met cela sur le compte d'un malaise. N'a-t-elle pas été souffrante?

PIERRE

Un peu fatiguée, seulement. On lui a
ordonné de changer d'air. Elle a dû passer
quelques semaines à Beaulieu.

LA COMTESSE

C'est vous qui êtes allé la chercher?

PIERRE

Je ne pouvais pas m'absenter; le Palais, la
Chambre...

LA COMTESSE

Oui, je sais. Un conseil, cher ami, négligez un peu, au besoin, vos affaires pour elle. Ne craignez pas d'être l'amoureux et même l'amant de votre femme, nous aimons ça.

PIERRE

Vous êtes toujours mon bon ange.

LA COMTESSE

Je suis pour l'instant un ange qui déploie ses ailes. Mais, avant de m'envoler, je voudrais embrasser Hélène. J'ai eu à peine le temps de l'entrevoir.

PIERRE

Ah! La voilà!

SCÈNE XI

Les mêmes, Hélène CHEVALIER

LA COMTESSE

C'est de Worth, cette robe?

HÉLÈNE

Oui, je lui suis fidèle.

LA COMTESSE

Et vous faites bien. Il vous habille à l'air de votre visage. Ce que je reproche à certains couturiers, c'est de ne créer que quelques modèles par saison et de s'en tenir là. On les rencontre partout ; les femmes ont l'air d'appartenir au même escadron. *(A Pierre.)* Vraiment, votre femme se met divinement.

PIERRE, *distraitement.*

Mais oui, chère amie, Hélène a toujours eu beaucoup de goût.

HÉLÈNE, *légèrement ironique.*

Mon mari ne s'occupe pas de ces frivolités.

LA COMTESSE

Il a tort. Descendez un peu des hauteurs où vous vous êtes élevé, mon cher grand homme ; les choses de cette terre ont du bon.

HÉLÈNE

De cela, vous ne le convaincrez pas ; moi, il y a longtemps que j'y ai renoncé.

LA COMTESSE

Eh bien, nous essaierons ensemble. *(A Hélène.)* Alors, au revoir, ma chérie : au revoir, illustrissime maëstro.

(La comtesse et Hélène Chevalier sortent.)

LE DOMESTIQUE, *annonçant.*

Sir Edward Vincenot.

SCÈNE XII

Pierre CHEVALIER, LE MARQUIS, BOIS-JOLI, LA ROCHEFLEURY, Sir Edward VINCENOT, en tenue de golf.

PIERRE

Comment, vous ici, à Paris?

VINCENOT

Moi-même. Excusez cette toilette. Je me suis accordé deux jours de congé pour concourir au grand match de la Boulie. J'ai gagné le prix. Je suis allé voir votre Président, je viens vous serrer la main, et je repars ce soir. Il y a demain une grande séance au Parlement. Vous connaissez le proverbe : Muscles sains, esprit sain.

LE MARQUIS

Étonnants, ces Anglais ! Le culte du muscle et la religion du devoir.

(Pierre Chevalier présente le marquis de Villepreux, le général Eudières, M. Bois-Joli, Mr Luisant à sir Edward Vincenot. Tous ces messieurs s'assoient.)

PIERRE

Et que vous a dit notre cher Président ?

VINCENOT

Du bien de la République.

PIERRE

Parbleu !...

VINCENOT

Avouez que cette fois il a un peu raison. Vous ne dites rien ?

PIERRE

Non, par principe et encore plus par courtoisie, avec un étranger, fût-il parmi nos amis, fût-il parmi nos alliés, je préfère ne pas discuter les questions de politique intérieure. Il suffit bien de se battre là-dessus entre Français.

VINCENOT

Qui songe à se battre? Je sais trop votre force, je ne suis pas de ceux qui, pour mieux la contester, célèbrent à tout propos votre grâce!...

PIERRE

Notre grâce! Notre grâce! C'est la parole de l'empereur d'Allemagne à l'un de nos compatriotes : « Nous serons la force et vous serez la grâce! » Eh bien, je ne veux ni de la grâce sans la force, ni de la force sans la grâce. L'une, c'est l'avalanche, le cyclone, c'est la main de fer de Bismarck; l'autre, c'est l'asservissement consenti avec des fleurs autour et sans aigrette dessus. La grâce, comme l'entendent nos adversaires et même trop souvent nos amis, ce n'est que la mode, c'est-à-dire la rue de la Paix débordant sur le monde.

VINCENOT, *s'inclinant.*

Voyons, Villepreux, j'espère que vous allez défendre la rue de la Paix que vous connaissez si bien ?

LE MARQUIS

Mon banquier aussi. Il sait ce qu'elle m'a coûté. *(Pierre Chevalier et sir Edward font « Oh! » en même temps.)* Ça vous étonne? Écoutez ce que me racontait, il y a longtemps déjà, une grande couturière retirée des affaires après infortune de ses clientes.

VINCENOT

La dame avait sans doute l'art de tailler dans le vif.

LE MARQUIS

Vous pouvez le dire. En tout cas, voici ce

qu'elle me confiait : Mon cher marquis, nous avons à la maison trois ou quatre mille comptes courants. Beaucoup restent impayés. C'est le casuel du métier. D'autres sont acquittés directement par les maris. Quant aux clientes qui nous paient elles-mêmes, la plupart prélèvent sur leur budget normal ce qu'elles nous remettent, mais il en est quelques-unes... ne nommons personne... c'est de celles-là qu'il faut vous défier, mon cher marquis, me disait-elle...

TOUS

Eh bien?

LE MARQUIS

Je ne me suis pas méfié, voilà tout!...

PIERRE

Jolies mœurs. Joli régime!

VINCENOT

Il y a toujours eu des lionnes pauvres. Nous en avons en Angleterre et nous sommes en monarchie! Est-ce une raison, en tout cas, pour que notre ami Chevalier parte en guerre contre la mode et contre la grâce? Voyons, Villepreux?

LE MARQUIS

La grâce française se défendra bien elle-même. Mais qui peut saisir la mode? Aujourd'hui nos charmantes Parisiennes dansent le tango; que danseront-elles demain? Hier, c'étaient les grands chapeaux : aujourd'hui, ce sont les petites toques. La mode tourne. Tout tourne, tourne, tourne...

(Il chantonne.)

SCÈNE XIII

LES MÊMES, CAMILLE DERMOREL

DERMOREL *entre, s'approche de Pierre Chevalier et lui dit :*

Pardon de vous déranger, mon cher maître.

PIERRE

Qu'y a-t-il, mon cher ami?

CAMILLE

J'ai en ce moment dans mon cabinet une dame qui demandait à vous voir. C'est la femme de M. Strouzzi, l'antiquaire...

PIERRE

Qui a été arrêté.

CAMILLE

Oui, ce matin ; il sera interrogé demain, mais il ne veut répondre qu'en présence de son avocat. Mme Strouzzi vient vous prier d'assister son mari. J'ai naturellement pensé que vous refuseriez une pareille cause. Cependant, avant qu'elle parte, j'ai cru devoir vous prévenir.

PIERRE

Vous avez bien fait. Du moment que je refuse, je veux au moins le lui dire moi-même. Je vous demande pardon, messieurs. *(Au moment où Pierre va sortir avec Dermorel.)*

LE MARQUIS, *à Pierre*.

Chevalier, causez donc ici, mon cher ami ;

c'est à nous de nous déranger, nous allons fumer un cigare en bavardant. *(Ils s'éloignent.)*

PIERRE, *à Dermorel.*

Allez donc chercher Mme Strouzzi puisque ces messieurs le permettent. *(Dermorel sort. Au marquis de Villepreux.)* Dites-moi, Villepreux, Strouzzi, vous connaissez ça?

LE MARQUIS

Dynastie d'antiquaires. Le père était Albanais, le fils se dit Français. Grosse fortune, grande intelligence, beaucoup d'amis dans le monde, et pour cause; beaucoup d'ennemis chez ses confrères, de très braves gens, qui le méprisent et avec raison.

SCÈNE XIV

Pierre CHEVALIER, Mme STROUZZI

*(Sur ces mots Mme Strouzzi entre avec Der-
morel. Dermorel sort; le marquis, Mr Luisant et
sir Edward s'éloignent.)*

PIERRE, *à Mme Strouzzi.*

Mon secrétaire vient de vous le dire, madame, il m'est tout à fait impossible en ce
moment...

MADAME STROUZZI

Excusez-moi de vous importuner, je ne vous
prends qu'un instant! Je suis encore toute
bouleversée.

PIERRE

Asseyez-vous!

MADAME STROUZZI

Merci, monsieur. Depuis plusieurs jours,

mon mari était inquiet. On le prévenait qu'il serait poursuivi, on lui conseillait de fuir. S'il était coupable, il ne serait pas resté, n'est-ce pas, monsieur?

PIERRE

Remettez-vous, madame, je vous en prie.

MADAME STROUZZI

Les lettres disaient vrai. On est venu ce matin, on l'a arrêté, on m'a permis de le visiter dans sa prison. Il m'a dit : « Je suis innocent. Oh! si M⁰ Chevalier voulait me défendre! Il me donnerait un peu de son honneur! » Et je suis venue vers vous comme on va vers Dieu !

PIERRE

Croyez à mes regrets… mais j'ai tant à faire que…

MADAME STROUZZI

Je sais, monsieur, je sais, mais je vous jure que mon mari n'est pas coupable. Il n'est pas possible qu'on l'abandonne sans le défendre,

et vous, vous pouvez le sauver... Mais c'est
horrible! Si on le condamnait, que devien-
draient nos deux petits enfants?

PIERRE

Vous avez deux enfants, madame?

MADAME STROUZZI

Et je ne veux pas qu'ils soient des victimes; je ne veux pas que ces petits innocents
souffrent pour l'homme dont ils portent le
nom. C'est assez que j'aie souffert moi-
même.

PIERRE

Voilà certes des raisons qui impressionne-
raient le tribunal.

MADAME STROUZZI

Je ne parle, monsieur, que de mes raisons personnelles. Mon mari a pu être léger,
vaniteux. Il s'est laissé entraîner dans un
monde qui n'était pas le sien, il a négligé
son foyer. J'ai souffert et pendant longtemps
j'ai été patiente. Mes parents m'avaient appris

PIERRE

J'ignore, madame, si votre mari est coupable. Je veux croire que non. Ce que je sais, ce que je viens de voir, c'est que vous êtes une brave femme. Je vais m'occuper de M. Strouzzi. Je plaiderai pour lui.

MADAME STROUZZI

Ah! monsieur, je ne sais que vous dire. Je ne sais comment vous remercier! Vous nous sauvez, monsieur, vous nous sauvez!...

(Elle s'incline pour lui baiser la main.)

PIERRE, *la relevant et la reconduisant.*

Comptez sur moi, madame. Apportez à mon secrétaire les papiers que vous avez; nous ferons le nécessaire.

SCÈNE XV

VILLEPREUX, Sir Edward VINCENOT,
puis Pierre CHEVALIER

*(Sir Edward Vincenot et le marquis de Ville-
preux remontent vers la rampe.)*

LE MARQUIS

Je suis sûr qu'il se sera laissé attendrir. Oh!
ces hommes forts !

VINCENOT

Je parierais bien que non.

PIERRE

Vous avez perdu, mon cher Vincenot. Si
vous aviez vu cette petite femme, une simple
bourgeoise? Nous pourrions l'offrir en exemple à beaucoup de nos amies. Son accent de
sincérité, son désintéressement, sa dignité
dans le malheur m'ont vivement ému. Si vous
aviez entendu avec quelle noblesse elle vient
de me dire que, sitôt qu'elle avait su son mari

soupçonné, arrêté, elle avait renoncé au divorce.

LE MARQUIS

Elle a flatté vos opinions... Elle sait que
vous en êtes l'adversaire.

PIERRE

Acharné... et, Dieu merci, je ne suis pas le
seul. Hier, je causais avec un de mes collègues
de gauche, un fort galant homme...

LE MARQUIS

Vous dites du bien des républicains?

PIERRE

A l'occasion, certainement! Mon collègue
avait bien vite reconnu que la famille, le mariage, enfin toutes les vieilles traditions s'en
vont, emportant avec elles le meilleur de
nous, la vertu de nos femmes et la pureté de
nos filles. Mais il m'a avoué en même temps
que pour le divorce il n'y pouvait rien ; c'est
maintenant entré dans les mœurs. Et puis il
y a le Parlement, les comités, les journaux

et surtout Sa Majesté l'Électeur. Il faut être réélu. Et voilà pourquoi mon brave député n'osera jamais dire publiquement ce qu'il me disait à moi... que le plus clair de notre mal vient du divorce et qu'il faut le supprimer.

VINCENOT

Le divorce?... Affaire de pays et de religion.

PIERRE

Non, affaire de morale partout. Pas de société sans morale, pas de morale avec le divorce. Je préférerais l'enlèvement. Il y avait au moins des risques.

LE MARQUIS

N'oubliez pas, cher ami, que le revolver dit parfois le dernier mot.

PIERRE

Parfois, c'est possible. Le plus souvent on liquide comme pour une fin de bail. Non, le divorce, c'est l'adultère officiellement estampillé

VINCENOT

Qu'en pensez-vous, Villepreux?

LE MARQUIS

Je n'ai pas d'opinion sur l'adultère, je n'en ai pas non plus sur le divorce. Mais j'en ai une sur l'inceste. La voulez-vous?

PIERRE

Incorrigible railleur. Vous ne guérirez donc jamais de Voltaire?

VINCENOT, *à Hélène Chevalier, qui entre en toilette de diner.*

Permettez-moi de vous présenter mes hommages et de me retirer. *(Mme Chevalier fait un signe pour le retenir.)*

HÉLÈNE

Restez, au contraire, vous dînerez avec nous.

VINCENOT

Dans ce costume, un Anglais, jamais! D'ailleurs, mon ami Chevalier va trouver dans votre présence un réconfort trop dangereux pour moi. Je serais battu. Nous parlions de divorce. Vous partagez certainement son opinion sur ce sujet?

HÉLÈNE

Qui sait? Et d'ailleurs, maintenant, peut-on le supprimer?

PIERRE

Nous tenterons. Nous ferons à notre tour ce qu'on a fait pour le rétablir. Des pièces, des articles, des discours et même des chansons.

HÉLÈNE

Chantez, messieurs. On abuse du divorce, soit! Mais, lorsqu'il y a rupture entre les cerveaux et les cœurs, quand le fossé est creusé pour toujours entre les deux époux, est-il humain de condamner deux êtres à souffrir l'un par l'autre, alors qu'il leur est si facile de se libérer? C'est la logique. Ce n'est pas celle de vos amis, je le sais. Ils préfèrent l'hypocrisie pourvu qu'elle soit habile et tolère la trahison quand elle s'abrite sous l'aile de la famille, mais cela me semble de la lâcheté et me fait horreur.

PIERRE

Vous parlez en honnête femme, sûre d'elle, ma chère amie, mais défions-nous des axiomes. Sous prétexte d'être sincères, que de gens deviennent féroces! Nous parlions de la mode avant que vous entriez. C'est la mode aujourd'hui de se servir du divorce pour diviniser son propre individu et pour sacrifier héroïquement tous les autres.

LE MARQUIS

C'est une religion bien commode.

PIERRE

Je préfère celle du charbonnier.

(Vincenot s'est approché de Mme Chevalier, lui baise la main, serre la main de Me Chevalier.)

PIERRE, *à sir Edward Vincenot.*

Le sport, le matin ; une oraison, l'après-midi! Vous ne vous ennuyez pas en voyage ! A bientôt!

(Sir Edward se prépare à sortir.)

LE MARQUIS, *à sir Edward.*

Je pars avec vous.

LE MARQUIS

Madame, je vous baise les mains.

(Pierre Chevalier, se tournant vers le marquis de Villepreux qui va sortir.)

PIERRE

Au revoir, monsieur de Voltaire.

LE MARQUIS *baise la main de Mme Hélène Chevalier, puis, serrant la main à Pierre Chevalier et s'inclinant devant lui très bas :*

Tout mon respect, sublime monsieur de Meaux.

SCÈNE XVI

PIERRE CHEVALIER, HÉLÈNE CHEVALIER,
UN DOMESTIQUE, CAMILLE DERMOREL

PIERRE, *tendrement.*

Attendez donc ici qu'on annonce le dîner. Venez vous asseoir auprès de moi.

HÉLÈNE

Merci, je ne suis pas fatiguée.

PIERRE

Vous vous disiez si lasse, ces temps derniers, le soir surtout.

HÉLÈNE

Oui, mais aujourd'hui je me sens tout à fait bien.

PIERRE

Je le vois à votre allure, à votre visage, à tout votre être. Le succès ajoute encore à votre beauté.

HÉLÈNE

Un madrigal! Comme vous êtes galant! Où prenez-vous mes succès?

PIERRE

Mais ici même, tout le monde vous entourait, vous admirait; tout le monde déclarait que vous êtes une maîtresse de maison incomparable.

HÉLÈNE

Je suis enchantée de vous faire honneur. *(A Pierre Chevalier, qui l'a obligée à s'asseoir.)* Vous êtes un peu brusque, mon ami.

PIERRE

Pardon ! *(Hélène s'est assise. Pierre continue tendrement.)* Dites-moi votre journée. Maintenant que vous dansez le tango, qu'en pensez-vous ?

HÉLÈNE

Qu'on s'en occupe beaucoup trop. C'est comme pour l'appendicite, ça les propage. Mais en quoi ces petits riens peuvent-ils vous intéresser ? Le tango n'a rien de politique, j'imagine ?

PIERRE

Non, certes. Mais je suis sûr que vous y mettez de la grâce, comme en toutes choses.

HÉLÈNE

Que faites-vous ?

(Pierre a pris une épingle qui attachait quelques fleurs.)

PIERRE

Je m'essaie ! *(Il se penche sur le corsage d'Hélène.)* Je suis encore un peu maladroit... Voilà... Et je prends ma récompense. *(Il pose un baiser à la place où il a mis une épingle.)*

HÉLÈNE, *sursautant et se dégageant.*

Finissez, mon ami... Si l'on entrait ?

PIERRE

Nous n'attendons à dîner que Dermorel. Ça ne compte pas.

HÉLÈNE, *vivement.*

Mais si, au contraire ! *(Devant l'étonnement de Pierre, elle ajoute :)* De vieux époux comme nous, il nous trouverait ridicules.

PIERRE

Il trouverait, comme moi, que vous n'avez jamais paru plus jeune, il comprendrait que l'on vous aime. Mme de Villepreux a raison, vous êtes adorable.

HÉLÈNE

Ah ! je comprends. Vous avez causé avec Mme de Villepreux ?

PIERRE

Oui, assez longuement ; même, je suis de son avis. *(Il regarde la robe d'Hélène.)* Aucune femme ne s'habille comme vous.

HÉLÈNE

Il vous a fallu Mme de Villepreux pour vous en apercevoir.

PIERRE

J'avais tort ; où avais-je les yeux : dans mes dossiers, dans mes rapports ?... Mais maintenant...

(Il va pour enlacer Hélène.)

HÉLÈNE

Cessez, mon ami, je vous en prie.

(A ce moment un domestique entre.)

LE DOMESTIQUE

Voici M. Dermorel, peut-on servir ?

(M. Dermorel entre, salue Mme Chevalier,

serre la main à Pierre Chevalier. Mme Hélène Chevalier fait un signe de la tête au domestique.)

PIERRE, *à Camille Dermorel.*

Vous arrivez à temps, mon cher Camille, pour assister à une petite querelle. Ma femme se prétend vieille, moi j'affirme qu'on ne lui donnerait jamais trente-sept ans. Qu'en pensez-vous?

CAMILLE, *s'inclinant.*

Cette fois, mon cher maitre, les chiffres manquent d'éloquence.

HÉLÈNE, *légèrement agacée.*

Savez-vous, mon ami, que si j'étais coquette, je ne vous pardonnerais pas de crier mon âge par-dessus les toits.

PIERRE, *souriant.*

Oh? il n'y a là ni injures, ni sévices graves, rien qui puisse entraîner le divorce... votre cher divorce.

HÉLÈNE

Certainement.

(Un domestique a ouvert la porte de la salle à manger.)

PIERRE, *à Dermorel.*

Donnez le bras à ma femme, nous plaide-rons à table !

Rideau.

ACTE DEUXIÈME

SCÈNE PREMIÈRE

Mᵉ LUISANT, Marquis DE VILLEPREUX, SAVOURET,
Général EUDIÈRES, Pierre CHEVALIER

*(Un domestique introduit Mᵉ Luisant, le géné-
ral, le marquis de Villepreux, M. Savouret, puis il
sort pour chercher Pierre Chevalier.)*

MAITRE LUISANT

Il a été admirable.

DE VILLEPREUX

C'est un triomphe.

MAITRE LUISANT, *à Pierre qui rentre.*

Bravo, mon cher. Bravo.

SAVOURET

Vous avez plaidé avec une chaleur, une
émotion...

LE GÉNÉRAL EUDIÈRES

C'est tout de même crâne de s'accuser pour servir la cause de son client.

PIERRE CHEVALIER

Mais non, c'est tout simple. Le jury se trouvait ainsi obligé ou de l'acquitter, ou de nous condamner tous les deux. N'étais-je pas son complice? mieux, l'auteur principal du méfait, puisque ce jeune anarchiste, pour justifier ses gestes quelque peu violents, avait invoqué devant le juge d'instruction le texte de mes articles dans *le Marsouin de Bretagne*. Je l'apprends; je te prie, mon cher Luisant, de me céder ton dossier. Tu y consens, je plaide. Quoi de plus naturel? C'est la rançon du passé. Qui sait si je suis quitte avec le destin!

MAITRE LUISANT

Ma foi, j'en sais parmi nous qui n'auraient pas le courage d'avouer ainsi leurs erreurs passées et d'étaler leur vie.

PIERRE CHEVALIER

Tout le monde connait la mienne. Certains de mes amis n'en laissent rien ignorer. Je les en remercie. En épiant, en dénonçant mes moindres actions, ils m'obligent à les observer. C'est une excellente discipline.

MAITRE LUISANT

Le jury hésitait encore.

LE MARQUIS

Dame, ces bourgeois n'ont pas beaucoup de goût pour messieurs les anarchistes.

SAVOURET

Savez-vous ce qui les a décidés? C'est votre péroraison.

LE GÉNÉRAL

Je vous entends encore : guerre implacable, disiez-vous, à tous les agitateurs qui exploitent la misère humaine, mais paix et pitié aux malheureux que nos écrits ou nos discours hallucinent trop facilement. Messieurs les jurés, quand le prévenu est entré dans le prétoire, il pensait certainement que la justice était toujours au pouvoir de la société pour la venger impitoyablement. Eh bien, faites qu'en sortant il ait reconnu que, si on a arraché le Christ des murs de cette enceinte, sa miséricorde continue à inspirer votre jugement. Soyez bons, la bonté, c'est encore la meilleure justice.

MAITRE LUISANT

Bravo ! Bravo !

PIERRE CHEVALIER

Vérité élémentaire.

LE MARQUIS

Soit. A ce moment, le jury s'est attendri, et, dans l'auditoire, j'ai vu des femmes qui pleuraient.

PIERRE CHEVALIER

Voyez-vous, mon cher ami, tant qu'il y aura des gouttes qui tomberont du ciel, il y aura des larmes qui tomberont de nos yeux. C'est la meilleure rosée : les fleurs ne sont pas loin.

L'important, d'ailleurs, c'est que le jury nous a acquittés tous les deux. Voilà un jugement d'humanité. Je saurai m'en souvenir si je devais jamais juger à mon tour. *(Il serre la main de ses amis.)* Merci, mes chers amis, de m'avoir apporté vos affectueuses félicitations.

SCÈNE II

Pierre CHEVALIER, LE GÉNÉRAL

PIERRE CHEVALIER

Restez donc, je vous prie, mon cher général, vous vous rappelez que nous avons une séance demain. C'est la première à laquelle vous assisterez.

LE GÉNÉRAL

Le prince m'a fait dire, en effet, qu'il voulait que je fisse partie de votre petite machine... de votre comité.

PIERRE CHEVALIER

C'est une marque d'estime... Vous la méritez.

LE GÉNÉRAL

Le prince me montre surtout une grande bienveillance. Quand j'ai été atteint par la limite d'âge, je suis allé le voir. Du plus loin qu'il m'aperçut, il s'est écrié : « Général, vous êtes comme les autres, les généraux ne viennent me voir que quand ils sont dans la réserve. »

PIERRE CHEVALIER

Que lui avez-vous répondu ?

LE GÉNÉRAL

Oh!... bien simplement! « Quand j'avais un corps d'armée, Monseigneur, il appartenait à la France. Je n'ai plus que mon épée, je vous l'offre. »

PIERRE CHEVALIER

Bravo ! Personne ne représentera mieux l'armée au milieu de nous.

LE GÉNÉRAL

J'ai un peu peur de vos amis. Ils ont une telle compétence. Tandis que moi...

PIERRE CHEVALIER

Rassurez-vous. Nous ne voulons pas nous donner le ridicule de jouer au Conseil des ministres. Mais nous entendons être prêts, pour le jour inévitable... prochain peut-être, d'une restauration monarchique.

LE GÉNÉRAL

J'admire votre foi.

PIERRE CHEVALIER

Si je ne l'avais pas, je serais impardonnable de rester dans l'opposition. J'y reste et je veux qu'on s'habitue à voir en nous des hommes de gouvernement.

LE GÉNÉRAL

Il y en a tant qui sont les hommes de tous les gouvernements.

être lu par tout le monde. C'est par vos livres que j'ai appris à vous connaître et à vous admirer. Vous regrettez sans doute de les avoir écrits?

PIERRE CHEVALIER

Oui, quand ils troublent un cerveau mal préparé pour les comprendre.

HÉLÈNE CHEVALIER

Je les comprenais bien, moi, et je me reconnaissais en eux. Voilà pourquoi je ne saurais mêler mes éloges à ceux de vos amis.

PIERRE CHEVALIER

Alors, ma conduite, mes actes, les succès qu'on veut bien m'attribuer, tout cela vous le condamnez en bloc.

HÉLÈNE CHEVALIER

J'aurais préféré que, pour défendre votre client, vous ne vous fussiez pas cru obligé de désavouer votre passé.

PIERRE CHEVALIER

Pouvez-vous me faire grief d'avoir cherché

loyalement à m'éclairer et à m'ennoblir, en reconnaissant publiquement mes erreurs passées.

HÉLÈNE CHEVALIER

Je trouvais vos idées d'il y a vingt ans plus belles. Je les aime toujours et je mets ma noblesse à y rester fidèle.

PIERRE CHEVALIER

Voyons, nous nous énervons inutilement. Tout cela n'est pas sérieux. Avez-vous quelque reproche à m'adresser? Vous savez combien je vous aime. Vous ne m'avez jamais parlé ainsi depuis notre mariage. Il y a quelque chose que vous me cachez.

HÉLÈNE CHEVALIER

Rien, je vous assure. Nous ne nous entendons pas, voilà tout. Je vais à toutes les libérations. Vous vous attardez à toutes les résistances.

PIERRE CHEVALIER, *à Hélène qui se lève pour sortir*.

Hélène, voyons, ne nous quittons pas ainsi.

Cette conversation imprévue m'émeut, m'épouvante presque. J'étais si loin de m'attendre... Dites-moi un mot, je vous en prie, qui me rassure...

HÉLÈNE CHEVALIER

A quoi bon. Il n'y a rien qui puisse vous inquiéter. Quand je suis entrée dans votre maison, je vous apportais, vous vous en souvenez, une âme toute neuve, ou plutôt je n'avais pas d'âme.

PIERRE CHEVALIER, *pensif*.

Je me souviens.

HÉLÈNE CHEVALIER

Mon père s'était refusé à la façonner pour me laisser la pleine liberté de choisir plus tard une morale et une religion. Pauvre père, il avait son idéal!

PIERRE CHEVALIER

J'espérais vous faire adopter le mien.

HÉLÈNE CHEVALIER

Je le souhaitais aussi. Je me cherchais

encore quand je vous ai épousé. Avec quelle joie j'aurais accepté votre direction! Mais, vous qui menez l'âme des foules, vous avez dédaigné de parler à la mienne.

PIERRE CHEVALIER

Vingt fois j'ai essayé...

HÉLÈNE CHEVALIER

Oui, distraitement, entre deux baisers, comme on parle à une petite fille. Mais je suis une femme et j'aurais voulu être traitée en femme.

PIERRE CHEVALIER

Dites-moi le secret de réparer.

HÉLÈNE CHEVALIER

Il faut me préférer simplement à vos chimères, à vos ambitions, à ce que vous appelez votre cause.

PIERRE CHEVALIER

Si je cherche à grandir, n'est-ce pas surtout pour vous?

HÉLÈNE CHEVALIER

Et que ne restez-vous petit! Vous serez da-

vantage au niveau de mon cœur. La gloire
passe après le bonheur.

PIERRE CHEVALIER

Et moi qui vous croyais si heureuse.

HÉLÈNE CHEVALIER

Je suis trop orgueilleuse pour me plaindre.
D'ailleurs, mon affection, mon estime réelle
pour vous m'ont toujours fait un scrupule de
troubler votre quiétude. Et puis, vous dire
quoi?

PIERRE CHEVALIER

Ce que vous me dites aujourd'hui si tardivement, vos désenchantements... vos aspira-
tions.

HÉLÈNE CHEVALIER

Je vous les dis quand vous m'interrogez.

PIERRE CHEVALIER

Eh bien, maintenant que nous nous sommes
expliqués, nous aurons vite fait de dissiper
ces légers nuages et d'oublier ces malenten-
dus.

HÉLÈNE CHEVALIER

Oublier, je le voudrais : vous le pouvez plus aisément que moi. Nous parlions tout à l'heure de vos livres. Vous y avez autrefois proclamé le droit au bonheur pour toute créature humaine. Vous en souvenez-vous aujourd'hui?

PIERRE CHEVALIER

Si j'ai proclamé autrefois le droit au bonheur pour toute créature humaine, j'ai aussi tracé ses devoirs.

HÉLÈNE CHEVALIER

Votre devoir, à vous, puisque vous prononcez enfin ce grand mot, était de me faire une existence moins vide, moins étroite, moins isolée ; alors je n'aurais pas souhaité de vivre plus complètement, plus librement.

PIERRE CHEVALIER

Quand une femme comme vous dit à un homme comme moi, son mari, qu'elle veut vivre sa vie, c'est que la vie qu'elle mène ne lui suffit plus. En souhaitez-vous une autre? Répondez?

HÉLÈNE CHEVALIER

Mais pourquoi vouloir donner ce tour défi-
nitif à une simple conversation? Restons dans
les généralités. Restons-en où nous étions
quand je suis entrée.

PIERRE CHEVALIER

Vos réticences m'obligent à vous demander
des explications.

HÉLÈNE CHEVALIER, *lentement.*

Eh bien! admettez qu'en face de cette existence sans intimité, sans idéal commun, sans
horizon, j'aie conçu des rêves, des espoirs, des
désirs même!

PIERRE CHEVALIER

Des rêves, des espoirs?... ces désirs ont dû
prendre une forme?... *(Un silence.)* Un nom
peut-être?

HÉLÈNE CHEVALIER

Si j'ai des secrets, ils ne vous font aucun
tort, soyez-en sûr.

PIERRE CHEVALIER

Confiez-les-moi, je jugerai. Vous vous taisez? *(Hélène Chevalier se tait.)* Si vous cachez la vérité, vous qui l'aimez tant, c'est que vous la redoutez.

HÉLÈNE CHEVALIER

Vous savez bien que je ne la redoute jamais pour moi-même.

PIERRE CHEVALIER *s'est rapproché d'Hélène, il lui a pris les poignets, et l'étreignant presque, lui jette ces mots :*

Je ne la crains pas davantage. Parlez. *(Et devant l'hésitation d'Hélène.)* Parlerez-vous?

HÉLÈNE CHEVALIER

Vous me faites mal.

PIERRE CHEVALIER, *lâchant les poignets d'Hélène.*

Pardon... Mais parlerez-vous enfin?

HÉLÈNE CHEVALIER

Puisque vous voulez absolument que je parle, je parlerai : il se peut donc que j'aie rencontré, à un moment donné, un être aussi faible que vous êtes fort, auquel la simple femme que je suis a pu apporter un appui, qui m'a donné enfin cette sensation que j'étais utile et nécessaire à sa vie!

PIERRE CHEVALIER, *élevant la voix.*

Qu'est-ce que vous dites?... Qu'est-ce que vous dites? Vous me déclarez tranquillement que vous aimez quelqu'un.

HÉLÈNE CHEVALIER

Vous êtes fou! je vous laisse peut-être entendre que je m'intéresse à quelqu'un, tout au plus!

PIERRE CHEVALIER

Ce n'est plus le moment des mots imprécis. Soyez nette. Vous aimez quelqu'un? Vous avez un amant!

HÉLÈNE CHEVALIER

Non.

PIERRE CHEVALIER

Eh bien soit! Vous n'avez pas d'amant, vous pensez à quelqu'un, vous aimez quelqu'un, l'offense est la même!

Mlle DE POUZOLS

(La Comtesse de La Rochefleury)

HÉLÈNE CHEVALIER

Je vous le répète, je suis une honnête femme.

PIERRE CHEVALIER, *violemment*.

Jusqu'à quand?

HÉLÈNE CHEVALIER

Je vous l'affirme encore. Il n'y a rien dans ma vie, rien qui puisse vous offenser dans vos droits de mari.

PIERRE CHEVALIER

Mes droits? Ai-je jamais songé à les invoquer? Ah! je comprends maintenant vos malaises opportuns, vos réserves calculées, tout ce qui devait masquer à mes yeux le refus de vous-même.

HÉLÈNE CHEVALIER

Ne pouvons-nous rester des amis, de vrais amis?

PIERRE CHEVALIER

Quel mari serais-je si je pouvais accepter une telle aumône, quand je saurais que vos pensées, votre cœur appartiennent à un autre?

7

Ne sentez-vous pas que chacune de vos paroles
est une nouvelle blessure !

HÉLÈNE CHEVALIER

Oh ! ne dites pas, je vous en prie, que vous
souffrez à cause de moi. Je suis épouvantée, je
vous jure, de la confession que vous m'avez arra-
chée. Laissez-moi rentrer dans ma chambre…
Reprenons-nous tous les deux… Dans quelques
heures, vous serez plus calme, et moi, j'aurai
réfléchi. Vous jugerez autrement peut-être les
aveux qui peuvent ne pas briser notre vie.

PIERRE CHEVALIER

Allons donc !

HÉLÈNE CHEVALIER

Alors, que faire ? Vous refusez une amitié
que je vous offre en toute sincérité. Que faire ?

PIERRE CHEVALIER

Que faire ?

HÉLÈNE CHEVALIER

Sinon nous séparer et tâcher de trouver
chacun l'être qui nous comprendra mieux…

PIERRE CHEVALIER, *se raidissant.*

C'est le divorce que vous me proposez? vous m'avez dit vos idées là-dessus, mais vous n'ignorez pas les miennes.

HÉLÈNE CHEVALIER

Alors, qu'est-ce que vous voulez? Je ne comprends plus. Puisque j'aime et vous le savez, puisque vous m'avez obligée à me le crier à moi-même…

PIERRE CHEVALIER, *prêt à éclater avec violence.*

Taisez-vous, taisez-vous, en devenant sincère, vous devenez féroce!

HÉLÈNE CHEVALIER

Oui, vous avez raison. Attendons à demain. Je vous le répète, demain, nous serons plus calmes, tous les deux.

PIERRE CHEVALIER

Non. Il nous faut aller jusqu'au bout, et je suis maître de moi. Écoutez, j'ai eu évidemment un tort, un grave, je n'ai pas su vous montrer combien je vous aimais. Et pour ce tort, je me condamne à taire ma souffrance, à la sentir ainsi doublement. Mais vous, vous avez commis la plus grave des fautes, celle que flétrissent également aujourd'hui toutes les philosophies, toutes les morales, toutes les religions, dans tous les pays : je suis votre mari et vous avez pensé à un autre homme.

HÉLÈNE

Je vous le répète, je ne suis pas coupable.

PIERRE CHEVALIER

Si! Si! Si. et je la tiens pour accomplie, cette faute, et elle s'aggrave encore de ce que vous appelez votre sincérité.

HÉLÈNE CHEVALIER

Ma sincérité, c'est vous qui l'avez provoquée.

PIERRE CHEVALIER

Eh bien, puisque vous aimez tant la vérité, cette fois, vous serez seule à la connaître : je ne divorcerai pas, le monde ignorera votre faute et continuera à vous honorer.

HÉLÈNE CHEVALIER

Moi, voler la considération! Je me sens incapable de jouer une pareille comédie. Je ne peux pas. Je ne peux pas.

PIERRE CHEVALIER

Vous voudriez partir? Je ne vous parle pas du scandale, il est partout, vous n'en seriez pas émue, mais vos enfants? Vous les oubliez. Nous pouvons être coupables, vous ou moi, ou tous les deux, eux sont incontestablement innocents. Allez-vous aussi les sacrifier?

HÉLÈNE CHEVALIER

Croyez-vous que je songe à les abandonner?

PIERRE CHEVALIER

Vous ne pensez pourtant pas que je vais vous les laisser emmener?

HÉLÈNE CHEVALIER

Si vous me les enlevez, la loi saura me les rendre et ce sera sa pitié.

PIERRE CHEVALIER

Et si elle me les prend, à moi, où sera sa

justice? Je ne souffrirai pas davantage que ces chers enfants deviennent des petits invités, j'en vois tous les jours autour de nous, c'est abominable, hélas!... de petits invités que nous gâterions, que nous nous disputerions, à tour de rôle, si bien qu'ils désapprendraient dans ce va-et-vient perpétuel le respect, l'amour et l'obéissance? Ça, non, sachez-le donc bien, je les ai, je les garde. (*Elle tombe dans le fauteuil. Pierre, très grave.*) Vous resterez près de moi, près de vos enfants?

HÉLÈNE CHEVALIER

Oui, oui, il le faut, je resterai.

(*A ce moment un domestique entre.*)

PIERRE CHEVALIER, *assez nerveux*.

Qu'y a-t-il?

LE DOMESTIQUE

Mme la comtesse de La Rochefleury.

PIERRE CHEVALIER

La comtesse de La Rochefleury? C'est pour Madame.

LE DOMESTIQUE

Madame la comtesse veut absolument voir Monsieur. Elle dit qu'elle ne s'en ira pas, et que si Monsieur est sorti, elle l'attendra.

PIERRE CHEVALIER, *légèrement impatienté.*

C'est bien. Faites entrer. *(Le domestique sort. A Hélène.)* J'ai besoin de me reprendre. Voyez-la d'abord.

HÉLÈNE CHEVALIER

Moi non plus, je ne suis pas en état de la recevoir. Mon émotion...

PIERRE CHEVALIER

Votre émotion? Vous la mettrez sur le compte de quelque malaise, entre femmes, c'est plus facile... Je vous rejoindrai dans un instant.

(Le domestique fait entrer Mme de La Rochefleury.

Pierre Chevalier sort.)

LA COMTESSE DE LA ROCHEFLEURY, *entrant assez*

étonnée.

Mais c'est votre mari que je viens voir.

HÉLÈNE CHEVALIER

Je sais. Mais pouvez-vous me dire ce qui vous agite autant.

LA COMTESSE

Vous-même?

HÉLÈNE CHEVALIER, *faisant effort pour se ressaisir.*

Rien. Un peu de migraine.

LA COMTESSE

Eh bien, à vous, ma grande amie, je peux tout dire.

HÉLÈNE CHEVALIER

Oui, vous pouvez, ma chère petite amie.

LA COMTESSE, *très émue, se jette dans les bras d'Hélène Chevalier.*

Je suis bien malheureuse.

HÉLÈNE CHEVALIER

Vous? Mais pourquoi?

LA COMTESSE

Mon mari me trompe, il me ridiculise, tout Paris sait le nom de ses maîtresses. Je veux divorcer et votre mari m'y aidera.

HÉLÈNE CHEVALIER

On ne divorce pas pour une blessure d'amour-propre. C'est plus grave, ma petite.

LA COMTESSE

Je ne veux plus le voir. Je le hais.

HÉLÈNE CHEVALIER

Oui, c'est ainsi que s'exprime l'amour, quand il souffre. Quand vous aurez divorcé, votre mari cessera-t-il d'avoir des maîtresses? Cesserez-vous d'avoir du chagrin?

LA COMTESSE

J'en aurai moins. Je ne le verrai plus.

HÉLÈNE CHEVALIER

Allons, vous l'aimez encore! Voyons, asseyez-vous là, près de moi. Aujourd'hui, en ce moment même, j'éprouve le besoin de me dévouer, de consoler, de secourir. Venez tout près de mon cœur, ma chérie!

LA COMTESSE

Comme au couvent, alors?

HÉLÈNE CHEVALIER

Vous vous le rappelez? Je n'ai fait qu'y passer. J'étais parmi les grandes et vous parmi les petites.

LA COMTESSE

Vous étiez déjà si raisonnable !

HÉLÈNE CHEVALIER, *avec un soupir*.

Vous voulez dire que je vous faisais déjà de la morale? Eh bien! vous êtes toujours ma chère petite amie! mais nous sommes aujourd'hui des grandes toutes les deux, et nous n'avons plus le droit de traiter légèrement des choses sérieuses. C'est sérieux, le divorce, allez, c'est la brisure définitive, le fossé à jamais creusé! Qu'on le saute, si l'on y est obligé pour tâcher de refaire sa vie, de l'autre côté, quelque douloureuse qu'elle soit, c'est souvent la seule issue possible, mais parce qu'un mari vous a trompée par faiblesse avec des demoiselles quelconques .. Déserter le mariage sans avoir lutté pour le reprendre, non, il ne le faut pas.

LA COMTESSE

Croyez-vous que je n'aie pas lutté pour le conserver? Si vous saviez les nuits que j'ai passées l'accompagnant dans tous les bouis-bouis, me contraignant à chanter et à danser devant tous les fêtards possibles, parfois même à danser avec eux! Je l'ai attendu à la porte de tous les tripots, j'ai bu pour qu'il ne se grisât pas trop. Et tout cela pour rien, pour rien.

HÉLÈNE CHEVALIER

Et voilà ce qu'on appelle le plaisir!...

LA COMTESSE

On ne m'avait appris qu'à m'amuser, ma mère se pliait à tous mes caprices.

HÉLÈNE CHEVALIER

Et votre père?

LA COMTESSE

Papa? Papa était occupé à ses usines d'abord et puis... ailleurs. Il avait simplement dit à maman : Je ne suis pas pour l'émancipation de la femme. Tout ce que vous voudrez, mais pas de brevet supérieur.

HÉLÈNE CHEVALIER

Je l'ai, moi, ce brevet supérieur. En suis-je mieux armée pour la vie ? Vous avez été élevée, vous, dans la liberté d'agir, moi, dans la liberté de penser, et je me demande si ces deux éducations ne conduisent pas à la même souffrance.

LA COMTESSE

Vous souffrez, vous ?

HÉLÈNE CHEVALIER

Non ! non ! *(Très vite.)* Je m'interroge ; laissez-moi être encore votre grande sœur comme au couvent ! Vous venez consulter mon mari, ouvrez-lui votre cœur en toute sincérité. C'est un honnête homme, il vous guidera, vous consolera : écoutez-le. *(A son mari.)* Voici Mme de La Rochefleury qui vient vous consulter. C'est un bon petit cœur. Elle ne mérite pas de souffrir. Elle veut divorcer. J'ai commencé à la sermonner.

PIERRE CHEVALIER

Vous?

HÉLÈNE CHEVALIER

C'est à vous de la convaincre.

SCÈNE IV

Les mêmes, moins Hélène CHEVALIER.

PIERRE CHEVALIER

Puisque je dois vous défendre, dites-moi bien tous les faits de la cause, comme nous disons au Palais. Votre mari a naturellement tous les torts.

LA COMTESSE DE LA ROCHEFLEURY

Je le croyais. Hélène m'a troublée. J'ai peut-être eu le premier? J'ai pensé que, du moment que beaucoup de mes amies finissaient par prendre un amant, il valait mieux commencer par là.

PIERRE CHEVALIER

Je ne comprends pas.

LA COMTESSE DE LA ROCHEFLEURY

Alors. je l'ai choisi près de moi, le plus près de moi possible... mon mari.

PIERRE CHEVALIER

Oui, vous avez voulu être la maîtresse légale de M. de La Rochefleury. Or, une maîtresse, ça se lâche. Votre mari s'est habitué à regarder sa maison comme un mauvais lieu; le jour où il a été fatigué, il en a cherché ailleurs, c'est normal. D'après ce qu'elle vient de me dire, ma femme vous a suppliée de ne pas divorcer. C'est bien, c'est très bien à elle. *(Il appuie sur ces mots.)* Moi, je me refuse à vous défendre tant que vous n'aurez pas essayé l'impossible pour arracher votre mari à la vie qu'il mène.

LA COMTESSE DE LA ROCHEFLEURY

J'ai dit à Hélène combien de luttes j'avais

soutenues, quelles amères déceptions j'avais éprouvées.

PIERRE CHEVALIER

Qui sait si ce n'est pas de toutes les déceptions que l'espérance est faite?

LA COMTESSE DE LA ROCHEFLEURY

J'ai espéré bien longtemps.

PIERRE CHEVALIER

Espérez encore. L'espérance vous rendra le devoir facile. Oh! je sais, le devoir! C'est le grand exilé d'aujourd'hui. On ne le connaît plus, et c'est une excuse pour ne pas le remplir. Je vous dirai le vôtre. Dussiez-vous en souffrir, il faudra l'accomplir.

LA COMTESSE DE LA ROCHEFLEURY

On ne m'a pas appris la souffrance. Je ne sais pas la supporter. Un avocat, c'est presque un confesseur, n'est-ce pas?

PIERRE CHEVALIER

Oui, oui, je vous écoute avec toute mon indulgence, avec toute ma volonté de vous soulager.

LA COMTESSE DE LA ROCHEFLEURY

Je vais vous dire ce que je n'ai pu dire à votre femme. A un confesseur, on ne cache rien, on lui doit la vérité même la plus intime. C'est en maîtresse que j'ai aimé mon mari. C'est vrai. Eh bien, vous l'avouerai-je? C'est naturellement la maîtresse qui est la plus châtiée aujourd'hui. En me mariant, je n'étais pas la femme que je suis devenue par lui et pour lui; mes étonnements, mes froissements, mes révoltes de pudeur, c'est à lui que je les ai offerts, comme autant de gages d'amour. J'ai cru qu'il le sentait. Les sourires qui ont accueilli notre vie commune, la malveillance que mes allures nouvelles pouvaient éveiller autour de moi, qu'est-ce que cela pouvait me faire? S'il était le mari qu'au pied des autels il avait juré d'être, n'était-il pas surtout l'amant qui, à mes pieds, m'avait promis une fidélité éternelle? Et maintenant...

PIERRE CHEVALIER

Je vous entends, et je vous plains.

LA COMTESSE DE LA ROCHEFLEURY

Alors, vous comprenez que je sois impuissante à vous écouter malgré mon immense confiance en vous. Je suis trop malheureuse!

(Elle pleure, elle sanglote.)

PIERRE CHEVALIER, *qui lui tend les deux mains.*

Pleurez, madame, pleurez. Toutes celles qui sont venues me consulter pleuraient aussi comme vous. Voici ce que vous allez faire : rentrez chez vous, et surtout, séchez vos larmes. Les hommes ne pardonnent pas les chagrins qu'ils font. Et puis, permettez-moi de vous le dire, ce qui vous manque, c'est un enfant.*(Sur un geste d'indignation de la comtesse.)* Le berceau, voyez-vous, protège la maison; oui, je sais, ce sera précisément le devoir. Réfléchissez à tout ce que je vous dis et revenez me revoir bientôt pour me remercier... de n'avoir pas plaidé.

LA COMTESSE DE LA ROCHEFLEURY

Je tâcherai de me rendre digne de votre si affectueux intérêt. Oui, à bientôt. Comme Hélène est heureuse d'avoir un tel compagnon! Combien elle doit être fière d'un pareil amour!

PIERRE CHEVALIER

Je n'ai jamais mieux senti qu'en ce moment combien je l'aimais, combien je l'aime. *(Au domestique.)* Qu'est-ce que c'est? *(Lisant.)* Mlle Crickette, de la part de M. Dermorel.

LA COMTESSE

Je ne veux pas partir sans embrasser Hélène.

PIERRE CHEVALIER

Mais comment donc? je vous accompagne.

SCÈNE V

CRICKETTE, Camille DERMOREL,
puis UN DOMESTIQUE.

CRICKETTE, *respirant*.

Ça sent bon. Il y a une femme ici. Et elle
doit être jolie... Je me souviens. Elle l'est.

(M. Dermorel, entrant.)

CRICKETTE

Bonjour, petit.

CAMILLE DERMOREL

Bonjour, Crickette! Tu as donc un procès
que tu viens voir le patron?

CRICKETTE

Oui, avec le directeur du music-hall de
Deauville. Alors j'ai pensé à ce que tu m'as
dit de ton grand homme, et me voilà.

CAMILLE DERMOREL

Et que te veut-il, ton directeur?

CRICKETTE

Eh bien, il me réclame un dédit formidable. Vingt-cinq mille francs pour avoir refusé de jouer la Reine des baigneuses dans la grande revue *Deauville se baigne*. Tu vois d'ici le costume... *(Camille sifflote.)* Il n'y en avait pas... Je ne suis plus une commère de revue, je suis une artiste en représentations. Ce directeur n'a pas le sentiment des nuances.

CAMILLE DERMOREL

C'est tout de même original qu'on te demande vingt-cinq mille francs parce que tu refuses de montrer tes jambes au public, quand autrefois...

CRICKETTE

Oui, autrefois, tu veux dire que j'en demandais moins pour les montrer... dans le particulier. Ah! tu sais, aujourd'hui, encore... mais en public, je me dois à mes nouvelles connaissances.

CAMILLE DERMOREL

Tes nouvelles connaissances?

CRICKETTE

Elles sont d'un mousseux! Ouvre tes oreilles, mon mignon. Tu sais que j'ai pris un petit hôtel, rue de Poitiers, au coin du quai?

CAMILLE DERMOREL

Tu fais ta grande étoile...

CRICKETTE

J'ai des tableaux, des boiseries, des bibelots, le lit de Mme de Pompadour, la chaise du maréchal de Saxe, tous les grands chichis.

CAMILLE DERMOREL

Oh! ne le fais pas à la pose, avec tes bibelots, on sait ce qu'ils valent.

CRICKETTE

Parbleu! tu dois le savoir, c'est toi qui les as dénichés, brigand. J'ai même une bibliothèque...

CAMILLE DERMOREL

Tu lis...

CRICKETTE

Le *Courrier des théâtres ;* et si j'ai des livres, c'est à cause des reliures. Ce que tu ne sais pas, parce qu'on ne te voit plus, c'est que je reçois chez moi : des artistes, des journalistes, des hommes du monde. *(Dermorel fait : Peuh!)* Évidemment, mais aussi des hommes politiques, des académiciens, oui, mon vieux ! Tu comprends, je suis entre les deux ponts, c'est à mi-chemin, alors on se rencontre. Ce qu'ils s'en passent de la pommade, c'est à pleurer. Mes ministres veulent l'habit vert. Mes académiciens veulent un portefeuille.

CAMILLE DERMOREL

Et toi, tu veux les finances.

CRICKETTE

Les financiers me suffisent. Tout ça me pose, j'ai ma frimousse dans tous les kiosques

et des interviews dans tous les journaux.
Aussi, je me tiens, je n'ai plus d'amant de
cœur, tu as été le dernier. Je me contente de
Radina... Puis on a son influence, et c'est
amusant. (*Elle se hausse sur la pointe des pieds.*)
Veux-tu la Trésorerie de Versailles?

CAMILLE DERMOREL.

Merci : je ne voudrais pas faire de la peine
à M. Fallières.

CRICKETTE

Il est gentil de nous faire attendre,
le patron... C'est vrai, on ne se rencontre
plus depuis qu'on a fini de s'aimer. Mais
on est toujours des camarades, n'est-ce
pas?

(*Elle lui tend la main. Un domestique entre,
tenant un dossier.*)

LE DOMESTIQUE

Monsieur prie Mademoiselle d'attendre
encore un instant Il envoie ce dossier à
M. Dermorel pour que M. Dermorel l'exa-

mine pendant que Monsieur causera avec Mademoiselle.

(Il sort.)

CRICKETTE, *désignant le dossier*.

Qu'est-ce qu'il y a dans cette grande chemise jaune? Oh! c'est impressionnant!

CAMILLE DERMOREL

Ça, c'est le dossier de l'affaire Strouzzi.

CRICKETTE

Peut-on regarder?

CAMILLE DERMOREL, *lui tapant sur la main*.

Touche pas... ça brûle... S'il manquait un papier!...

CRICKETTE, *gravement, avec un geste de gamin de Paris*.

Oh! non, merci! Je ne voudrais pas te faire du tort! Tout ça, c'est la preuve que Strouzzi est coupable!... Dis donc, en voilà une affaire! Tu sais, ça en fait un raffût; un homme de notre bande arrété. Ton ami!

CAMILLE DERMOREL

Oh! mon ami!

CRICKETTE

Enfin, tu faisais des affaires avec lui. Est-ce
que tu le crois coupable, toi?

CAMILLE DERMOREL

Qui sait, de maladresse, peut-être. Il aura
maquillé sans art quelques vases étrusques et
quelques Tanagra.

CRICKETTE

Si on poursuit pour le maquillage, il faudra
agrandir les prisons. Toi, en tout cas, tu échap-
peras aux poursuites.

CAMILLE DERMOREL

Quelles poursuites?

CRICKETTE

Eh ben, oui, car tu es d'un pâle. Tu m'ef-
fraies. . Tu l'as toujours, la bonbonnière que
je t'ai donnée? Elle faisait partie de ma collection... J'en tenais joliment pour toi... Aussi,
quand tu voudras... *(Sur un geste de refus*

de Dermorel.) Ça ne colle plus! Tu es un ingrat.

UN DOMESTIQUE, *entrant.*

Monsieur attend Mlle Crickette.

(On a entendu du bruit dans le vestibule.)

LE DOMESTIQUE

M. le vicomte d'Arpajon vient chercher Mlle Crickette. Je me permettrai de faire remarquer à Mademoiselle que M. le vicomte est très impatient.

CRICKETTE

Il ne veut plus me lâcher. Je lui avais donné rendez-vous à cinq heures. Le voilà en avance... à moins que je ne sois en retard.

CAMILLE DERMOREL

C'est invraisemblable!

CRICKETTE

Tout ça, c'est de la faute à Mme Ambroise, elle n'en finissait pas avec son corsage. *(A Camille.)* Tu permets, petit? *(Au domestique.)* Faites entrer M. le vicomte. *(A Camille.)* Vous blaguerez pendant que je débiterai ma petite affaire au patron. *(A Camille qui veut l'accompagner.)* Ne te bile pas pour me reconduire. A tantôt chez Dorange. Il y a fumerie de gala.

CAMILLE DERMOREL

Je n'irai pas.

CRICKETTE

C'est vrai. Ta femme du monde! Le grand collage! Qui est-ce? *(Camille ne répond pas.)* Mystère et discrétion. Tu me regretteras.

(Sur ces mots, le vicomte est entré. Crickette envoie deux baisers à Camille et au vicomte. Elle sort.)

SCÈNE VI

Camille DERMOREL, LE PETIT VICOMTE.

LE PETIT VICOMTE

Très gentille, Crickette, mais terriblement indiscrète, j'en suis tout honteux.

CAMILLE DERMOREL

Une cigarette?

LE PETIT VICOMTE

On peut fumer?

CAMILLE DERMOREL

Mme Chevalier autorise.

LE PETIT VICOMTE

Elle vous aime beaucoup, Crickette. Savez-vous ce qu'elle me disait ce matin : « Il faut surveiller le petit, il prise trop, vraiment! » Elle avait raison, Crickette, prenez garde!

CAMILLE DERMOREL

Oh! Oh! un sermon, vous! Allez-y! je m'assieds.

LE PETIT VICOMTE

Ne blaguons plus! je vous parle en ami. C'est du poison que vous promenez dans votre poche. Un jour on vous trouvera mort chez vous.

CAMILLE DERMOREL

En vérité, vous êtes tordants. Crickette s'inquiète aujourd'hui, mais n'est-ce pas elle qui m'a dit un jour : « Je ne t'amuse plus, tu as des soucis… prends cette bonbonnière, c'est la délivrance, c'est l'extase ! » Aujourd'hui, vous me sermonnez, mais n'est-ce pas vous qui m'avez mené chez toutes vos amies? Oh! les courtisanes expertes, elles savent vous enivrer avec la morphine, l'éther et la cocaïne, comme elles faisaient autrefois avec leurs caresses et leurs baisers? Mais alors, c'était la volupté toujours brève, toujours limitée; aujourd'hui, c'est le rêve éternel et tout son infini.

LE PETIT VICOMTE

Renoncez à votre passion, je vous en supplie, ne retournez plus dans ces endroits plus troublants et plus meurtriers que les fumeries d'opium. L'autre jour, j'ai vu emporter notre pauvre ami Garcia. Il avait bu trop d'éther, il est mort dans la nuit.

CAMILLE DERMOREL

Il avait voulu prolonger son rêve indéfiniment, il a bien fait!

LE PETIT VICOMTE

Quelle leçon! Il est mort dans d'atroces souffrances en maudissant son poison.

CAMILLE DERMOREL

Oui, mais belle mort néanmoins... On disparaît. Accident ou suicide? Énigme. C'est la dernière farce qu'on a jouée au monde. Je devrais m'arrêter. Je le sens J'ai essayé, j'ai cessé. J'ai eu des rechutes, j'ai lutté à nouveau. Je suis vaincu par l'habitude, à de certains moments, je suis torturé par la souffrance et je n'ai même plus la force de lutter pour ne pas souffrir.

LE PETIT VICOMTE

Et moi qui vous croyais un fort!

CAMILLE DERMOREL

Moi, un fort?... Que le public s'y trompe... Il s'arrête à la façade... Mais vous, qui êtes pour moi un véritable ami, je ne voudrais pas vous mystifier comme les autres! *(Le petit vicomte fait un mouvement.)* Oui, je suis dans

un moment d'expansion, de bavardages. C'est
la cocaïne qui veut ça, profitez-en. Demain,
je reviendrai maussade et méchant. Je serai
capable de commettre une mauvaise action.
Je vous l'ai dit, je ne suis plus maitre de ma
volonté.

LE PETIT VICOMTE

Quel remords vous me donnez!

CAMILLE DERMOREL

N'en ayez pas, cela devait être. Vous ou un
autre... *(Il lève les épaules.)* C'était fatal. Parbleu! on peut être un enfant du peuple et franchir une ou deux étapes pour arriver. Mais pour
cela, il faut de l'effort et du temps. J'ai préféré escalader. Les hommes de ma génération
ne veulent plus compter avec le temps et sont
incapables d'efforts. Demandez-nous un élan,
oui, nous pouvons faire un bond dans l'es-
pace comme un acrobate. Mais s'il s'agit de
rattraper l'autre trapèze, nous ne savons que
tomber avec grâce. Car nous sommes très gra-

cieux. Le monde est flatté d'accueillir des travailleurs et nous fait fête. Nous y plaisons ;
les succès mondains nous gâtent, ils nous
enlèvent le goût du travail et, pour les vrais
travailleurs, nous nous condamnons à rester
d'éternels amateurs. Je ne me plains pas. C'est
ainsi.

LE PETIT VICOMTE

Cependant, Me Chevalier...

CAMILLE DERMOREL

Mr Chevalier a pris vos idées, vos prin-
cipes, vos sentiments pour les employer au
mieux de la société : il s'est naturalisé parmi
vous, tandis que moi...

LE PETIT VICOMTE

Vous, vous valez mieux que vous ne dites,
puisque vous faites son éloge. Mais alors, vos
amours... S'il apprenait jamais...

CAMILLE DERMOREL

Il me tuerait et il aurait raison de me supprimer comme un voleur, puisque je cherche

Phot. H. M. Talma.

M. DIEUDONNÉ

(Me Luisant)

à le voler. *(Avec une nuance d'amertume.)* Ce serait d'ailleurs un dénouement !

LE PETIT VICOMTE

Du drame ! Non. Encore si vous aimiez sérieusement Mme Chevalier. Mais vous me l'avez dit vous-même, c'est l'idée de la conquête qui vous séduit. Eh bien, maintenant qu'elle est conquise, pourquoi risquer de mettre des larmes, de la boue et même du sang autour de vous? Ça manquerait tout à fait d'élégance.

CAMILLE DERMOREL

Oh ! évidemment, c'est plus élégant d'être l'amant de Crickette, mais c'est autrement amusant de lutter pour vaincre celle qui résiste ; d'autres fois je me prends à la vénérer, et je l'aime pour tout l'amour qu'elle me donne. C'est comme M⁰ Chevalier, je vous ai dit mes sentiments pour lui ; ils étaient sincères. A d'autres moments, je le hais de m'être aussi supérieur ; je le hais surtout quand je me souviens...

(Sur un signe d'étonnement du petit vicomte.) Oui, quand je me souviens de mon père, je deviens méchant... Mais tout cela disparait avec ma première crise... Pour vous écouter, il me faudrait de la volonté, et, je vous le répète, je n'en ai plus.

LE PETIT VICOMTE

Alors, voyagez. J'ai une part de responsabilité dans tout ce qui vous arrive. Je suis riche. Ma bourse vous est ouverte, vous reviendrez guéri ; celle qui vous aime le sera peut-être, elle aussi.

CAMILLE DERMOREL

Vous ne la connaissez pas. Je vous le dis sans fatuité. Elle ne me laisserait pas partir seul, et pour moi, à quoi bon? Que me font ces paysages? ces sites, ces horizons dont vous me proposez la splendeur? Que valent leur jouissance à côté de celles que je puis trouver ici *(Il frappe sa poche où est sa bonbonnière.)* sans m'agiter. Le poison me donne l'irréel : quelle réalité lui oppo-sez-vous ?

(A ce moment, il sort sa bonbonnière, son vi-sage se crispe.)

LE PETIT VICOMTE

Vous souffrez ?

CAMILLE DERMOREL

Voilà le remède.

LE PETIT VICOMTE

Je vous empêcherai bien, moi, de vous procurer ce poison. *(Il cherche à s'emparer de la bonbonnière.)*

CAMILLE DERMOREL

N'essayez pas. Je sais toutes les pharmacies où l'on en trouve et dans certains restaurants de nuit il y a des chasseurs qui vous en offrent... Les médecins gémissent, et cette plaie menace de s'étendre, les victimes se multiplient et la police s'émeut à peine. Voilà que je divague. J'ai l'air de vouloir sauver la société ; ce serait comique ! *(Il tend la main au petit vicomte.)* Merci, en tout cas. Quand vos amis disaient de vous : « Le petit vicomte, c'est le digne descendant des roués et des muscadins », je leur répondais qu'on devinait aussi dans vos ancêtres une lignée de chevaliers et de gentilshommes. J'étais dans le vrai. Vous avez su garder fidèlement un secret que personne ne soupçonne; vous m'offrez votre bourse et votre dévouement, quand vous savez que je ne pourrai vous payer ni ma dette d'argent ni ma dette de cœur; ce n'est pas banal.

(A ce moment un domestique entre.)

LE DOMESTIQUE

Mlle Crickette attend en bas monsieur le vicomte.

LE PETIT VICOMTE, *qui s'est levé, au domestique.*

Je descends. *(Le domestique sort. A Camille.)* Au moins, promettez-moi...

CAMILLE DERMOREL

Je serais un ingrat si je n'essayais pas! J'essaierai encore! Mais quand la bille est

lancée sur le cylindre, sait-elle où elle s'arrê-
tera? Merci encore et à bientôt, mon ami. Ne
faites pas attendre Mlle Crickette, elle n'aime
pas ça.

*(Camille et le petit vicomte se serrent cordiale-
ment les deux mains. Le petit vicomte sort.
Camille se rassied. Mme Chevalier entre.)*

SCÈNE VII

CAMILLE DERMOREL, HÉLÈNE CHEVALIER.

HÉLÈNE CHEVALIER

Avec qui causiez-vous?

CAMILLE DERMOREL

Avec le petit vicomte qui accompagnait
Mlle Crickette.

HÉLÈNE CHEVALIER, *légèrement agacée.*

Mlle Crickette. Encore?

CAMILLE DERMOREL

Ah! Elle vient demander conseil à votre mari.

HÉLÈNE CHEVALIER

Qu'importe, d'ailleurs? C'est bien de Crickette qu'il s'agit maintenant. Comment ai-je été entrainée à dire des paroles décisives?

CAMILLE DERMOREL

Vous m'inquiétez. Parlez, parlez vite.

HÉLÈNE CHEVALIER

C'est vrai, vous ne savez rien. Tout cela a été si rapide, c'est du vertige! Mon mari rentrait du Palais. On le félicitait. J'esquisse quelques observations. Une discussion d'abord insignifiante s'engage, il s'étonne, me presse de questions. Je ne voulais pas répondre. Car je comprenais qu'un mot de plus et j'allais lui causer une peine atroce. Ça, je ne voulais pas. Il insiste, je veux m'arrêter; mais j'étais comme ivre de sincérité; alors je lui ai dit mes désenchantements, mes tristesses, et, irrésistiblement entrainée, je lui ai crié que j'aimais, j'ai réclamé ma liberté, j'ai demandé le divorce.

CAMILLE DERMOREL

Mais le divorce, il n'en voudra jamais.

HÉLÈNE CHEVALIER

Naturellement.

CAMILLE DERMOREL

Continuez, je vous en supplie. Qu'a-t-il décidé?

HÉLÈNE CHEVALIER

Sachant qu'il se briserait contre l'épouse, c'est sur la mère qu'il a frappé : il m'a menacée de m'enlever mes enfants.

CAMILLE DERMOREL, *avec émotion, puis subitement rasséréné*

Oh! pauvre, pauvre chérie! *(Un temps.)* Alors, rien n'est changé dans votre vie, vous restez?

HÉLÈNE CHEVALIER

Pardonnez-moi, pouvais-je perdre mes enfants?

CAMILLE DERMOREL, *rassuré.*

Oh! non! Mais quelle monstruosité!

HÉLÈNE CHEVALIER

Et il m'a condamnée à vivre à ses côtés, dans une considération dont je ne me sens déjà plus digne. Bientôt, je le sens, j'envierai Mlle Crickette. *(Sur un geste de Camille.)* Oui, moi, car une fois rentrée chez elle, quand elle a fini de jouer, elle enlève sa poudre et son costume et redevient elle-même. Mais moi, je vais être obligée, dans le monde, à la promenade, au théâtre, chez moi, partout, de jouer sans cesse ce rôle de la femme heureuse dans un ménage uni! C'est odieux! Et je ne peux pas vous demander de m'emporter loin de cette horrible comédie. Je ne le peux pas!

CAMILLE DERMOREL

Et c'est pour moi que vous subissez cette souffrance?

HÉLÈNE CHEVALIER

Je ne la sentirai pas. Je vous aime.

CAMILLE DERMOREL, *l'approchant de lui.*

Venez... venez tout près de moi pour que

je puisse me pencher sur votre cœur. Je m'y
sens mieux!

HÉLÈNE CHEVALIER, *inquiète.*

Vous souffrez?

CAMILLE DERMOREL

Ce n'est rien! *(Camille s'est redressé.)* Ah!
on nous condamne à l'hypocrisie? Eh bien,
soit! On veut nous soumettre aux règles d'une
société qui admet l'adultère à la seule condition qu'il soit élégant et bien porté. Soyons
du monde et aimons-nous comme on l'entend
aujourd'hui.

*(Insensiblement Camille a enlacé Hélène et il
la serre dans ses bras.)*

HÉLÈNE CHEVALIER, *très émue.*

Laissez-moi! N'abusez pas de mon trouble,
je vous en supplie!

CAMILLE DERMOREL, *toujours plus pressant.*

Résisterez-vous encore à mes prières? Vous
refuserez-vous désormais à mes supplica-
tions?

HÉLÈNE CHEVALIER, *se reprenant après s'être oubliée un instant, s'arrache des bras de Dermorel.*

Je saurai résister... surtout à moi-même... *(Sur un geste de Dermorel.)* Un instinct, encore obscur, s'agite en moi, qui me défend d'être à vous tant que je vivrai sous ce toit.

CAMILLE DERMOREL

Un instinct? Il n'y en a qu'un et sa clarté m'embrase... C'est celui qui pousse invinciblement l'une vers l'autre toutes les créatures qui s'aiment. Nous nous aimons. Soyons tout l'un pour l'autre, sans attendre.

HÉLÈNE CHEVALIER

J'attends bien, moi, et j'y ai plus de mérite que vous. Vous êtes jeune, mon ami cher, vous pouvez aller à dix existences. Que me resterait-il à moi, si celle que je rêve m'échappait?

CAMILLE DERMOREL

Ne rêvons pas, vivons.

HÉLÈNE CHEVALIER

J'aime mon rêve. Oh! vous emporter avec mes

trois enfants dans une retraite si cachée et si obscure que personne ne pourrait la découvrir ni m'enlever un seul des êtres qui me sont chers!

CAMILLE DERMOREL

Encore le rêve!

HÉLÈNE CHEVALIER

Ce n'est plus un rêve, car je la connais cette retraite. Parfois le hasard d'un voyage nous montre, dans l'imprévu d'une rencontre brève, un site d'élection où il semble que le bonheur nous attend. Nous voudrions nous y arrêter. Nous nous promettons d'y revenir. Et nous passons.

CAMILLE DERMOREL

S'arrêter? La vie le permet-elle jamais?

HÉLÈNE CHEVALIER

Non. Mais elle permet parfois de se fixer, et c'est là que nous nous fixerons bientôt, aussitôt que nous le pourrons.

CAMILLE DERMOREL, *agacé*

Demain, toujours demain. Mais regardez-moi donc et voyez si demain m'appartient plus qu'à vous. Attendre quoi? Le miracle?

HÉLÈNE CHEVALIER

Non, que ma volonté ait vaincu les résistances de mon mari. Je me sens la force de le tenter, la certitude d'y réussir. Promettez-moi de vous soigner jusqu'à ce que je puisse vous enlever à cette existence de fièvre qui finirait par vous tuer et dites-vous bien que je vous adore et que comme une grande amoureuse : de toutes les minutes de ma vie, je souffre, je vous aime, et je vous attends.

Camille, aux pieds de Mme Chevalier, prend les mains d'Hélène et les baise dévotement. Pierre Chevalier est entré, aperçoit Camille, fait un mouvement vers lui. Hélène se lève et s'avance vers son mari, comme pour s'expliquer. Pierre lui fait signe de sortir. Hélène sort.

SCÈNE VIII

Camille DERMOREL, Pierre CHEVALIER.

PIERRE CHEVALIER

Tant que je ne le voyais pas, je pouvais
croire qu'il n'existait pas. Vous, c'était vous !
Vous voilà devant moi un homme comme moi
en chair et en os... J'ai envie de vous étran-
gler.

CAMILLE DERMOREL, *résolument.*

Je ne me défendrai pas. *(Doucement.)* Mais je
suis à vos ordres, si vous voulez.

PIERRE CHEVALIER

Un duel? Entre nous? Mais regardez-nous
donc? Dites si c'est possible... Puis du bruit...
du scandale... Pensez-vous réparer ainsi le
mal profond, irréparable peut-être, que vous
avez fait?

CAMILLE DERMOREL

Mais votre femme n'est pas coupable !

PIERRE CHEVALIER

Je le sais. Elle me l'a dit. Elle ne ment pas. Mais cela fait-il que vous le soyez moins, vous? C'est le vol de sa tendresse dont je vous accuse... oui, le vol! Qu'eût dit votre père, si loyal et si noble?

CAMILLE DERMOREL

Mon père?... Je vous appartiens; mais mon père, non, pas lui. Il est mort en exil, dans la misère, dans l'ardeur de sa foi première; c'était un martyr; ne parlez pas de mon père!

PIERRE CHEVALIER

Taisez-vous; ne changeons pas les rôles. Votre père approuvait celui que j'avais adopté; en mourant, c'est à moi qu'il vous a confié. Votre père avait sa noblesse, elle était grande. Puisque vous invoquez son souvenir, que n'avez-vous suivi son exemple?

CAMILLE DERMOREL

J'ai voulu le suivre. Quand je suis entré dans votre monde, j'avais l'intention de le combattre pour ses vices, mais à les côtoyer je suis devenu vicieux par habitude et par goût.

PIERRE CHEVALIER

Mais, malheureux que vous êtes, est-ce par un raffinement de vice monstrueux que vous avez choisi ma femme? Encore une fois, rappelez-vous que comme votre père je sors du peuple et qu'avec ces deux mains *(Il montre ses mains.)* je pourrais vous broyer.

CAMILLE DERMOREL

Je vous l'ai dit, vous pouvez me tuer.

PIERRE CHEVALIER

Vous tuer! Vous savez bien que je ne suis pas un bourreau.

CAMILLE DERMOREL

Vous pouvez me chasser. Faites.

PIERRE CHEVALIER

Vous chasser? Je devrais vous chasser...
Oui... vous chasser sans pitié, mais ce serait
vous jeter dans la boue, dans la fange. Et
peut-être, elle avec vous... *(Se parlant à lui-
même.)* En ai-je bien le droit? Ai-je tenu la
parole que j'avais donnée à votre père? Ai-je
fait tout ce que je lui avais promis de faire?
(Puis s'adressant à Dermorel.) Je vous ai élevé,
guidé, mis à mes côtés, dans mes affaires,
dans ma vie intime, dans mon affection et
dans ma tendresse.

DERMOREL, *la tête dans ses mains.*

C'est vrai.

PIERRE DERMOREL

Et vous, qu'avez-vous fait de tout cela? Des
ruines! Une âme de femme, comme la sienne,
se laisse facilement prendre par un être isolé,
sans famille, maladif; c'est encore de la mater-
nité. Mais de cette tendresse, de cette mater-
nité, on glisse aisément dans l'aventure, dans

MLLE EXIANE

(Mlle Crichette)

la faute, dans l'adultère... et voilà l'abime
où vous entraîniez celle que vous dites aimer.

CAMILLE DERMOREL, *très simplement, tristement
et avec un certain respect troublé.*

Oui... pardon... pardon... Vous avez été si
bon pour moi ! Mais est-ce qu'on aperçoit
toutes ces choses dans la confusion, dans le
désarroi où la vie m'a jeté ? Je n'étais pas né
pour l'existence que je mène. Je n'avais pas
l'audace qu'il aurait fallu pour l'affronter ; je
n'avais pas assez d'énergie pour m'y dérober.
Oh ! pourquoi m'avez-vous tiré du milieu dans
lequel le sort m'avait placé ? Vous m'avez
retiré de l'école laïque. Je serais peut-être devenu un bon ouvrier. Cela se voit, et souvent.

PIERRE CHEVALIER

Vous me le reprochez ?

CAMILLE DERMOREL

Non, non. Mais laissez-moi me défendre.
Dans cette vie si nouvelle pour moi où j'avais
trouvé près de vous la sécurité, où vous m'aviez

donné un peu de votre savoir, un peu de votre talent, je ne me sentais pas moins abandonné, comme à la dérive...

PIERRE CHEVALIER

Abandonné? Ingrat, voyons, souvenez-vous : aux jours de sortie, quand vous éprouviez les premières tristesses de l'isolement, et que vous souffriez de ne sentir ni un père, ni une mère à qui les confier, c'est près de moi que vous accouriez et c'est moi qui vous consolais et qui vous réconfortais.

CAMILLE DERMOREL

Pendant longtemps vos paroles m'ont protégé, soutenu, mais, quand je me suis trouvé en contact avec ce monde brillant, luxueux, riche, qui m'accueillait à cause de vous, j'étais comme perdu, je n'ai pas su me défendre, j'ai pris le chemin du plaisir; vous ne l'avez pas vu, vous êtes trop loin, trop haut. Je suis allé au hasard de cette vie de Paris, de ses griseries, de ses attirances, de ses dangers. Je suis devenu un déraciné, un être troublé, troublant comme tous ceux que je fréquentais.

PIERRE CHEVALIER

Je croyais en vous... je n'ai rien soupçonné...

CAMILLE DERMOREL

Qu'auriez-vous pu? Moi, j'ai essayé de lutter, j'essaierai encore. Mais n'est-ce pas trop tard?

PIERRE CHEVALIER

Non, si vous avez la volonté de réagir, de réparer votre faute. Le fils de mon vieil ami dans cette pourriture, ce n'est pas vrai, ce n'est pas possible...

CAMILLE DERMOREL

Que dois-je faire?

PIERRE CHEVALIER

Défaire votre œuvre. Vous avez eu l'habileté de vous insinuer dans un cœur abusé par une fausse générosité. Faites le même effort pour le détacher de vous et vous le fermer à jamais.

CAMILLE DERMOREL

Je tenterai. Mais si j'échoue?

PIERRE CHEVALIER

Je vous dirai alors : Mon petit Camille, il faut partir sous un prétexte, sans éclat. Que personne, pas même elle, surtout elle, ne soupçonne les vraies raisons de ce départ, nos secrets, nos souffrances, enfin ce qu'il faut taire!

CAMILLE DERMOREL

J'ai compris. Et ce sera l'absence... l'absence éternelle.

PIERRE CHEVALIER

Plus un mot. Je vous relève déjà puisque je vous fais confiance... *(Changeant de ton.)* Travaillons. Justin vous a remis tout à l'heure le dossier de l'affaire Strouzzi, il y a là une lacune. Il manque une pièce capitale, la pièce n° 5.

CAMILLE DERMOREL, *légèrement embarrassé.*

Elle s'est peut-être glissée dans un autre dossier?

PIERRE CHEVALIER

C'est possible. Il faut le savoir. Mettez-vous là. Écrivez à Strouzzi que vous irez demain à la Santé pour qu'il nous éclaire sur la nature du document. Il y a là une femme qui pleure, des enfants qui attendent, un homme innocent peut-être. C'est à eux que nous nous devons tout entiers. Écrivez-lui de suite.

Le rideau tombe lentement.

ACTE TROISIÈME

Le décor représente le cabinet de travail
de M. Pierre Chevalier.

SCÈNE PREMIÈRE

Hélène CHEVALIER,
la comtesse DE LA ROCHEFLEURY.

HÉLÈNE

Comme c'est gentil de venir avant nos amies.
Nous allons pouvoir bavarder en les attendant.

LA COMTESSE

Ici?

HÉLÈNE

Oui, mon mari m'a abandonné son cabinet.
C'est plus dans le ton, m'a-t-il dit. *(Elle la
regarde.)* Qu'avez-vous donc de changé?

LA COMTESSE

Ma toilette, peut-être.

HÉLÈNE

Oui, vous êtes d'une simplicité tout à fait...

LA COMTESSE

Gratin.

HÉLÈNE

Oui. Pourquoi?

LA COMTESSE

Voilà! La première fois que je me suis
habillée ainsi, mon mari m'a dit : « Tiens,
vous ne ressemblez plus à Crickette, ça
me change. Quelle drôle d'idée ont toujours les femmes du monde de vouloir res-
sembler aux demoiselles! Continuez, continuez, j'aime mieux ça; quand je rentrerai
chez moi, j'y trouverai une différence. » Et,
ce soir-là, il a voulu absolument que nous
allions au théâtre, et pas dans un boui-boui,
à l'Opéra-Comique où l'on donnait les *Contes
d'Hoffmann :* ça ne nous était pas arrivé
depuis bien des années, nous avions l'air
d'être en voyage de noces. C'était très gentil... si bien que de paroles en paroles, de
baisers en baisers...

HÉLÈNE

Et alors ?

LA COMTESSE

Alors, mon mari a été si tendre... si exquis... que... enfin... je crois bien que... dans quelque temps... dans quelques mois... peut-être... mais n'en dites rien... je vous en prie.

(La comtesse cache sa tête dans les bras d'Hélène.)

HÉLÈNE

Soyez sans crainte. Je suis bien heureuse de votre bonheur.

LA COMTESSE

C'est votre œuvre. Vous vous souvenez, il y a quelques mois, quand je voulais divorcer, et que vous m'avez dit tous les deux que cette résolution était absurde. Vous m'avez mori-génée, endoctrinée, convaincue. J'ai suivi vos conseils et si j'ai un enfant, comme je le souhaite, comme je l'espère, je crois que mon mari, par reconnaissance pour la mère, par amour pour le bébé, me reviendra définitivement.

HÉLÈNE

Si je me souviens! Je tremblais à la seule pensée que vous, faite pour la tendresse, pour la joie de vivre, vous marchiez inconsidérément vers la lutte et vers la souffrance...

LA COMTESSE

J'ai déjà fait la connaissance avec la souffrance et il me semble qu'elle n'entre que quand on lui ouvre la porte. Or vous me paraissez tout à fait d'accord, vous et votre mari, pour la lui fermer au nez. *(Sur un geste d'Hélène, elle reprend.)* Oui, d'accord. Pendant que votre mari me parlait l'autre jour, je me disais : Tiens, c'est le langage d'Hélène, et pendant que vous vous efforciez de me convaincre, je pensais : Tiens, ce sont ses sentiments à lui qu'elle exprime. Ah! si je pouvais vous prouver ma reconnaissance, me dévouer pour vous! Mais voilà, vous êtes trop heureuse.

HÉLÈNE

Qui peut se vanter de le rester toujours?

LA COMTESSE, *étonnée.*

Mais vous. Si vous étiez jamais malheureuse, je crierais à l'injustice.

HÉLÈNE

Vilain mot qui abrite le plus souvent l'impuissance et la lâcheté. Quoi qu'il arrive, je ne m'en servirai jamais.

LA COMTESSE

Oh! je suis bien tranquille pour vous deux. Dans cette maison, tout le monde est fort. Ça se gagne. Votre mari? C'est la force même. Vous? On disait déjà au couvent que vous étiez de fer. Il n'est pas jusqu'à son jeune secrétaire qui ne se soit transformé au contact de son patron. En voilà un qui peut se vanter de m'avoir déconcertée!

HÉLÈNE

Et en quoi? Il me semble qu'il vous plaisait fort, au contraire?

LA COMTESSE

Certes, comme à tout le monde, et c'est là
ce qui m'inquiéterait si je m'intéressais à lui.
Je plaindrais la femme qui l'aimerait sérieusement.

HÉLÈNE, *assez durement.*

Plaindre dispense de comprendre.

LA COMTESSE, *légèrement agacée.*

Que voulez-vous dire ?

HÉLÈNE

Que tout cela est bien grave pour vous...

LA COMTESSE, *attristée.*

Il me semble que vous êtes mécontente.
Est-ce que je vous ai blessée ?

HÉLÈNE

Vous ai-je donné le droit de le croire ? *(Un
temps.)* Laissons M. Dermorel à son travail et
à ses amours. Embrassons-nous, aimez-moi
bien et aidez-moi à recevoir nos amies.

*(Sur un signe d'intelligence qu'échangent fur-
tivement Hélène Chevalier et Camille Dermorel,*

*la comtesse dit, comme se parlant à elle-même :
Tiens, tiens... je verrai bien.)*

*(Le domestique annonce la princesse de Mer-
cœur, Mme Appleton, le Petit Vicomte, M. Savouret, le général Eudières, Mme La Rousselière,
André de Villepreux.)*

SCÈNE II

Hélène CHEVALIER, la comtesse DE LA ROCHEFLEURY,
la princesse DE MERCOEUR, Mme APPLETON, LE PE-
TIT VICOMTE, M. SAVOURET, le général EUDIÈRES,
Mme LA ROUSSELIÈRE, André DE VILLEPREUX.

*(Mme Hélène Chevalier, qui continue à causer
avec Mme de La Rochefleury, reçoit « les Amis de
Blois ».)*

LA PRINCESSE DE MERCOEUR, *entrant avec*

Mme Appleton, à Mme Chevalier.

Nous ne sommes pas en retard, j'espère?
Nous avons failli ne pas arriver; on dépave,

on repave, on déplace les égouts, on pose de nouveaux rails, on défonce le sous-sol et en été, pendant que le Tout-Paris et le Tout-Étranger sont dans nos murs. C'est un scandale !

LE GÉNÉRAL

Ajoutez au tableau que c'est aujourd'hui l'arrivée de notre bon ami le sultan. Toutes les rues sont barrées.

LE MARQUIS

Ah ! si on avait fait ça sous le Tyran, quelle révolution !

SCÈNE III

LES MÊMES, plus la comtesse DE VILLEPREUX.

LA COMTESSE DE VILLEPREUX

Bonjour, vicomte ! Bonjour, général ! *(A la princesse et à Mme Appleton.)* Nous n'attendons plus que l'arrivée de la marquise de Luxeuil pour commencer la séance des « Amis de Blois ».

MADAME APPLETON

Les « Amis de Blois », vous en êtes aussi?

LA COMTESSE DE VILLEPREUX

Naturellement. C'est la grande mode. Il y a les Amis de Versailles, les Amis de Fontainebleau, les Amis de Paris... En quoi cela consiste?... On choisit une ville... une ville où il y a des monuments... On en est l'ami, et voilà !

LE MARQUIS DE VILLEPREUX

Et c'est tout?

LA COMTESSE DE VILLEPREUX

A peu près... Ah ! on forme ensuite un comité très élégant, on met à sa tête une présidente des plus qualifiées, et... cette fois, c'est tout.

LA PRINCESSE DE MERCOEUR

Oh ! moi ; les vieilles pierres, les vieux meubles, les vieux... enfin, tout ce qui est vieux... Si je m'écoutais, j'habiterais une vieille maison, dans un vieux quartier.

SAVOURET

Oui, mais vous ne vous écoutez pas, vous habitez une maison neuve, au Champ-de-Mars, et vous faites aussi bien.

MADAME LA ROUSSELIÈRE

Moi, j'aime les paysages, ce sont des états d'âme.

LA COMTESSE DE LA ROCHEFLEURY

Moi, je raffole des jardins. Ah! les jardins à la française, les ifs et les boulingrins! Ah! ce Le Nôtre!

MADAME LA ROUSSELIÈRE

L'histoire, c'est ma passion! Tenez, à Blois, il s'est passé des choses... Jeanne d'Arc...

SAVOURET

Hum!

MADAME LA ROUSSELIÈRE

Qu'est-ce que vous avez, Savouret? Vous devez savoir ça, vous qui êtes de l'Institut?

Phot. H. M. Talma.

M. DUMÉNY

(Pierre Chevalier)

SAVOURET, *légèrement ironique, s'incline.*

Pas de l'Institut de Beauté, hélas! On y sait au moins comment les femmes ont un teint de roses, tandis que nous ignorons même, nous autres grands savants, pourquoi les roses ont leur couleur... de roses...

(Bruit. Mouvement.)

SCÈNE IV

La comtesse DE LA ROCHEFLEURY, Camille DERMOREL

LA COMTESSE DE LA ROCHEFLEURY, *à Camille Der-morel qui semble l'éviter.*

Vous semblez me fuir. Avez-vous peur qu'on n'attente à votre pudeur?

CAMILLE DERMOREL

Hélas! Je suis majeur!

LA COMTESSE

Alors causons. Savez-vous que vous êtes très

gourmand? Vous ne vous contentez pas de la gloire du mari : vous convoitez encore le charme de la femme.

CAMILLE DERMOREL

Un rébus après la charade... Je ne comprends pas.

LA COMTESSE

Allons! Vous me comprenez très bien!

CAMILLE DERMOREL

Votre amie choisit étrangement ses confidentes!

LA COMTESSE

Vous avouez?... Je m'en doutais. C'est du joli! Mais vous êtes absurde! Vous perdez votre ligne. Vous me faisiez la cour, c'était naturel. Nous sommes du dernier dreadnought!

CAMILLE DERMOREL

Vous m'aviez dit que vous aviez un amant : votre mari. Alors...

LA COMTESSE

C'est vrai. Mais enfin tout se dérange,

comme pourrait dire Capus. Une place ne se rend pas au premier assaut, mais elle finit toujours par capituler ; demandez plutôt à l'ami Eudières. Songez donc comme ça vous posait d'avoir pour maitresse une femme qui a plus de cinq cent mille francs de rentes et dont le mari a parmi ses ancêtres un gentilhomme qui passait la chemise au grand roi. *(Dermorel sourit.)* Je vous dispense de la plaisanterie, elle est trop facile.

CAMILLE DERMOREL, *dédaigneux*.

Je ne suis pas snob.

LA COMTESSE

Allons donc, tout le monde l'est aujourd'hui. Avec moi, ne posez pas. Osez donc dire que vous ne seriez pas très flatté qu'on nous invite partout ensemble, qu'on vous mette à côté de moi, à table et dans toutes les parties, à la ville ou aux champs, que nous figurions ensemble dans tous les bals persans et dans tous les cotillons. Dites-le un peu? Vous deviendriez l'homme du jour.

CAMILLE DERMOREL, *avec une certaine fatuité.*

Vous ne parlez pas des nuits.

LA COMTESSE

Bah! ça compte si peu dans les liaisons d'aujourd'hui. Et puis quand on en aurait eu assez, on se serait gentiment plaqués, sans drame. Seulement vous étiez consacré, vous pouviez choisir dans le tas des petites femmes à la mode.

CAMILLE DERMOREL

Alors, sérieusement, trop tard?

LA COMTESSE

Plaquez d'abord l'autre. Ce ne sera pas commode; mais essayez. Hélène est une romantique. Vous ne devez pas rigoler tous les jours. Elle a près de dix ans de plus que vous; elle a trois enfants. Vous allez pouvoir ouvrir un pensionnat.

CAMILLE DERMOREL, *légèrement impatienté.*

On voit bien que c'est votre amie!

LA COMTESSE, *très sérieusement.*

Vous ne savez pas combien vous dites vrai. *(Puis reprenant le ton gai.)* Entre le porto et les sandwiches de la tradition, vous devez parler amour éternel, enlèvement, divorce, fuite... Les voyageurs pour Venise, en voiture!... Dieu, que vous êtes coco!... *(Un temps.)* Tiens, la petite Mercœur trouve que je vous garde trop longtemps. Elle vous dévore des yeux. Elle a liquidé son dernier amant, hier : c'est l'instant; je vais lui parler de vous... Non, non, ne me retenez pas... Je m'occupe de votre bonheur... *(Dermorel s'est éloigné.)* et du sien.

SCÈNE V

LES MÊMES, plus la marquise DE LUXEUIL
et la comtesse DE RAVINA.

LE DOMESTIQUE

Madame la marquise de Luxeuil.

LA MARQUISE DE LUXEUIL

Je suis certaine que vous ne vous êtes pas ennuyés en nous attendant. Le cinématographe parisien a dû marcher. Si vous veniez, comme mon excellente amie Mme de Ravina et moi, de l'hôpital du Carmel, vous sauriez combien toutes les petites histoires parisiennes sont misérables devant le spectacle de ces immenses douleurs... Voyons, quelles affaires allons-nous traiter? Restons comme nous sommes, pas de cercle... pas de bureau.. c'est **trop** solennel... Lisez donc l'ordre du jour, je vous prie, monsieur Dermorel.

CAMILLE DERMOREL, *lisant.*

Primo. Organisation de la prochaine promenade-conférence.

LA MARQUISE DE LUXEUIL

Le clou, vous le savez? La reconstitution d'une scène historique : à quatre heures, on assassinera le duc de Guise; à quatre heures et demie, lunch avec orchestre.

DERMOREL, *lisant.*

Secundo! Admission des jeunes filles aux « Amis de Blois ».

SAVOURET

Des jeunes filles parmi nous! Qu'y viendraient-elles faire? On n'y joue pas au golf, on ne flirte pas, on ne danse pas le tango.

LA MARQUISE DE LUXEUIL.

Le tango! c'est bon pour l'exportation. Passé de mode à Paris! Rome et nos évêques lui ont porté le dernier coup. Quant à nos jeunes filles, je sais, par mon ami le général Eudières, vous en êtes à croire que toutes sont des évaporées et des émancipées... Vous êtes excusable, vous vivez dans vos vieux manuscrits!

LA COMTESSE DE VILLEPREUX

Et c'est absurde. J'enrage de voir condamner en bloc toutes nos chères enfants. Sont-elles les vraies coupables? Est-ce que nous les avons soigneusement formées, par nos leçons et par notre exemple, à la vie de famille, au devoir, à l'idéal? Combien d'entre nous craignent d'être appelées de « vieux tableaux », combien essaient de mettre une rallonge à leur jeunesse qui s'en va! Et pendant ce temps...

LA MARQUISE DE LUXEUIL

Vous avez raison. Mais, ma bonne amie, nous ne sommes pas ici pour disserter sur l'éducation des jeunes filles. Que faut-il leur apprendre? Que faut-il leur cacher? Que sauront-elles en dehors de nous? Problème angoissant, mais qui n'a rien à voir avec « les Amis de Blois ». Faut-il admettre les jeunes filles parmi nous? Toute la question est là, et je dis oui, nettement. Elles frappent à notre porte, ouvrons-la toute grande. C'est la meilleure France qui entre, celle de demain.

LA COMTESSE DE LA ROCHEFLEURY

Bravo! Joli couplet pour un Rostand.

LA MARQUISE DE LUXEUIL, *s'inclinant.*

Merci. Et quand elles seront entrées, nous

ne leur ferons pas de morale, ce n'est pas notre affaire. Nous leur montrerons les beautés du passé, elles n'en saisiront que mieux, j'espère, les laideurs de l'heure présente. Et quand nous n'aurions atteint que ce résultat, il ne faudrait pas trop plaisanter « les Amis de Blois », n'est-ce pas, mon cher Villepreux ? *(Villepreux s'incline et baise la main de Mme de Luxeuil.)* Et maintenant votons, mesdames, messieurs, par acclamations.

(Toutes les mains se lèvent.)

LA MARQUISE DE LUXEUIL

Les jeunes filles sont admises à l'unanimité ! *(Un temps.)* Je ne pouvais avoir de plus grande joie, pour mon dernier jour de présidence.

(Mouvement.)

PLUSIEURS VOIX *à la fois.*

Vous nous quittez ?

LA MARQUISE DE LUXEUIL

Il le faut... D'autres soins me réclament

impérieusement, la Croix-Rouge avant tout. Mais je laisserai notre œuvre en de si bonnes mains !

LES MÊMES VOIX

Lesquelles ?

LA MARQUISE DE LUXEUIL.

Vous ne devinez pas?... Il y a parmi nous une femme qui est la présidente type : active, intelligente, gracieuse et avenante, dont je ne partage pas certes toutes les idées, mais dont je reconnais tous les mérites : une femme estimée, honorée de tous, la parfaite honnête femme... *(Elle désigne Mme Chevalier.)* **Oui,** chère madame. C'est vous que je viens de désigner... et pour qui nous votons d'enthousiasme.

LA COMTESSE DE VILLEPREUX

Et qui accepte ?

HÉLÈNE

Qui remercie... et qui est touchée profondément... Mais remplacer la marquise de

Luxeuil… On ne la remplace pas… je ne me sens même pas digne de lui succéder… Un tel honneur…

LA COMTESSE DE LA ROCHEFLEURY, *énergiquement.*

Vous ne devez pas refuser, ma chère amie.

HÉLÈNE

Peut-être, mais, au moins, je vous en prie, laissez-moi réfléchir.

LA MARQUISE DE LUXEUIL.

C'est tout réfléchi, ma chère présidente… Et voilà le plus vrai service que j'aie rendu aux « Amis de Blois » … Monsieur Dermorel, vous m'enverrez le procès-verbal de notre séance.

LA COMTESSE DE VILLEPREUX

Je vais avec vous.

LES DAMES

Et nous aussi.

(Toutes ces dames et ces messieurs se retirent lentement. Au moment où Mme Chevalier et la comtesse vont franchir la porte, M. Chevalier entre.)

LA COMTESSE DE LA ROCHEFLEURY, *l'apercevant, va à lui les mains tendues et presse les deux siennes.*

Vous êtes mon grand ami, vous savez? Je vous remercie de tout mon cœur et je vous aime bien.

PIERRE

Je suis heureux de votre amitié, mais pourquoi de la reconnaissance?

LA COMTESSE

Votre femme vous le dira. Encore merci.

PIERRE

Trop aimable, au revoir!...

(Ces dames sortent.)

PIERRE, *seul.*

Puisque cette affaire Strouzzi vient au rôle, voyons si cette pièce a été remise dans le dossier.

(A ce moment un domestique entre.)

LE DOMESTIQUE

Monsieur y est-il pour le comte de Ravina?

PIERRE, *après un instant d'hésitation.*

Faites-le entrer.

SCÈNE VI

Pierre CHEVALIER, le comte de RAVINA

PIERRE, *au comte de Ravina*.

Je vous ai écrit, monsieur, que je ne pouvais m'occuper de votre affaire. N'avez-vous pas reçu ma lettre?

LE COMTE DE RAVINA

Si, mais j'ai voulu savoir pourquoi ce traitement de faveur ou plutôt de défaveur. Vous êtes bien l'avocat de Strouzzi?

PIERRE

C'est le roi du bric-à-brac comme vous êtes le roi du charbon. *(Sur un mouvement du comte.)* Je reconnais la différence. Si Strouzzi a fait des dupes, elles ne sont guère intéressantes, des snobs du bibelot! D'ailleurs, je ne sais même pas encore s'il est coupable.

LE COMTE

Demandez-le à votre secrétaire, il doit avoir des tuyaux sur Strouzzi, il le fréquentait beaucoup.

PIERRE

Que voulez-vous dire?

LE COMTE

Rien pour l'instant, sinon que vous savez aussi bien que moi que je suis innocent.

PIERRE

Devant la loi. La loi est une bonne fille; pourvu qu'on ne la viole pas, elle consent assez souvent à se laisser abuser. Vous accaparez le charbon comme tant d'autres le sucre ou l'acier. C'est le règne des trusts! Tant qu'il n'y a pas de plaintes, la justice ferme les yeux, mais maintenant il y a une plainte.

LE COMTE

D'un contremaître que j'ai chassé et qui, par vengeance, a ameuté son syndicat.

PIERRE

Oui, mais le syndicat a saisi la presse, la presse a ému le Parlement et nous sommes menacés d'une interpellation. Je suis député, chef de groupe; si je plaidais pour vous, je serais obligé de vous défendre à la tribune, et ça, c'est impossible!

LE COMTE

Il y a donc deux morales?

PIERRE

Non! Mais deux cas. Les juges pourraient hésiter, je vous l'ai dit. Le pays, lui, n'hésiterait pas. Il n'admettrait pas qu'une partie du sous-sol français, c'est-à-dire le sol de la patrie, pût devenir la propriété d'un étranger. S'il y avait la guerre?

LE COMTE

Je suis Français.

PIERRE

Depuis quand?

LE COMTE

Depuis une dizaine d'années.

PIERRE

Vous vous êtes payé ce luxe avec les autres ;
c'est le plus beau et vous avez raison de vous
en parer ; mais le Parlement pourrait trouver
que votre luxe est de très fraiche date.

LE COMTE

Voyons, voyons, un Parlement, ça s'achète.

PIERRE

Vous vous croyez encore au temps du Pa-
nama.

LE COMTE

Bah ! bah ! simple question de surenchère.
Je m'y connais. Tout s'achète.

PIERRE

Tout se corrompt, voulez-vous dire ?

LE COMTE

Si vous voulez.

PIERRE

Et c'est sur cette corruption universelle que

vous voulez établir votre domination. Je préfère l'autre féodalité, le sang l'ennoblissait, tandis que l'argent...

LE COMTE

Ah! Ah! Vous dites du mal de l'argent comme on dit du mal de l'Académie avant d'être candidat.

PIERRE

Non pas. Je distingue et vous le savez bien. C'est aux mauvais marchands et à eux seuls que je m'adresse quand je leur conseille de purifier leur Temple, s'ils ne veulent pas en être chassés comme autrefois.

LE COMTE

Merci pour la leçon, mon cher maître. Une amicale proposition en échange?

PIERRE

Qu'allez-vous encore me demander?

LE COMTE, *qui s'est rapproché de Pierre.*

Votre éloquence, votre crédit, votre consi-

12

dération ; moi, j'apporterai mon argent, mes relations, mes journaux, mes agences ; nous mettons tout en commun et je réalise votre rêve : je vous fais la monarchie. Vous hésitez, pourquoi ? Je n'ai jamais raté une affaire. Eh bien, pouvez-vous encore refuser à votre associé de le défendre ?

PIERRE

Évidemment.

LE COMTE

Alors.

PIERRE *réfléchit la tête dans ses mains, puis*

énergiquement.

Décidément, non... Ce serait trop cher. Vous êtes un grand tentateur.

LE COMTE

Et vous êtes décidément un grand entêté. Me voilà obligé de revoir mon autre député. celui-là, je le tiens, je lui ai donné huit jours pour marcher et il marchera.

PIERRE, *qui fait mine de se lever.*

Je le plains s'il est entre vos mains. Nous n'avons plus rien à nous dire, je pense.

LE COMTE, *qui s'assoit.*

Un mot encore. Vous connaissez *le Furet.* Tout le monde méprise ce petit canard illustré, mais tout le monde le lit; vous-même. *(Il montre le journal à peine dissimulé sur la table de Pierre.)* A la porte du journal il y a une boîte dans laquelle chacun peut déposer sans crainte ses petits potins. Le dernier visait un député, son secrétaire et sa femme. Une femme exquise, cher monsieur.

PIERRE

En effet. J'ai lu cette petite malpropreté. Continuez.

LE COMTE

Le journal ne publie ces dénonciations qu'après les avoir soigneusement contrôlées. Un policier a été chargé de suivre l'affaire, de se documenter, de se renseigner. Il a sa conscience.

PIERRE

L'expression est heureuse.

LE COMTE

Il y a une conscience pour chaque métier. Il a suivi notre amoureux, ses allures l'ont étonné. Ah! c'est un jeune homme très répandu, tout à fait dans le mouvement. Rien ne manque au tableau! Cabarets de nuit, fumeries d'opium, Montmartre et partout, — ce renseignement vous a peut-être échappé, — on rencontre ce parfait secrétaire dans la vie de plaisir, et même dans la vie d'affaires de ce Strouzzi que vous avez accepté de défendre, tandis que vous me refusez un appui que je mérite mieux que lui, avouez-le maintenant?

PIERRE

Vous avez terminé? Est-ce tout?

LE COMTE

Pas encore. Et comme les femmes aiment toujours ces personnages déchus et romantiques, notre héros a des aventures amou-

reuses, j'en sais quelque chose. Crickette croit
que j'ignore. *(Souriant.)* Je suis un peu ridicule. *(Sérieusement.)* Ce qui me console, c'est
que je ne suis pas le seul. Du reste, je n'ai pas
besoin de vous en dire davantage. Vous avez
lu le journal, n'est-ce pas? Vous voilà renseigné
sur votre collègue. *(Sur un signe affirmatif de
Pierre, il continue.)* Je suis le principal action-
naire du *Furet.* Un pareil papier avec des
illustrations, c'était un tirage énorme. J'ai
néanmoins suspendu la publication de l'article. Je n'aime pas le bruit inutile. Je ne peux
pas cependant supprimer à tout jamais un
document si parisien et imposer à mon journal un tel sacrifice si je n'ai pas une compen-
sation. Je ne demande pas la mort du pécheur!
Le voilà prévenu! Si la bombe éclate, c'est
qu'il l'aura voulu.

PIERRE, perdant tout son sang-froid.

Ainsi donc vous n'êtes pas seulement un
voleur...

LE COMTE

Monsieur...

PIERRE

Vous êtes aussi l'associé d'une bande de diffamateurs et de maitres chanteurs. Savez-vous que vous êtes un abominable coquin?

LE COMTE

Ceux qui devraient me défendre me lâchent. Je défends ma bourse et ma vie comme je peux. On m'attaque au coin d'un bois, alors...

PIERRE

C'est vous qui y appelez les voyageurs.

LE COMTE

Que diriez-vous de plus s'il s'agissait de vous-même?

PIERRE

Rien. *(Il se redresse debout.)* Sortez.

(Le comte et Pierre se regardent dans les yeux.)

LE COMTE

Et si je ne sors pas, oserez-vous appeler vos gens?

PIERRE

Inutile. J'opère moi-même.

LE COMTE

Soit, mais nous nous reverrons…

PIERRE

En cour d'assises, si cette fois vous me demandez encore de vous défendre.

(Le comte est sorti. Pierre saisit un verre qui se trouve sur le plateau, boit une gorgée, puis prenant la carafe il la vide d'un seul coup, et enfin il s'éponge le front. S'étant ressaisi, il se dirige vers le cabinet où travaille son secrétaire Dermorel.)

SCÈNE VII

PIERRE, puis DERMOREL.

PIERRE, *à la porte.*

A l'autre, maintenant. Dermorel !

DERMOREL, *entrant.*

Monsieur…

PIERRE

Ah çà! vous connaissez donc Strouzzi, vous, pourquoi ne me l'avez-vous pas dit?

DERMOREL

J'attendais l'occasion. Je n'ai rien à cacher. Pourquoi?

PIERRE, *après avoir regardé Dermorel.*

Pourquoi? Je vous le dirai tout à l'heure. D'abord ceci : l'affaire Strouzzi va venir. Je suis mandé au parquet. Cette affaire traîne depuis deux mois, je n'avais pas eu l'occasion de revoir le dossier. Je viens d'y jeter les yeux et je m'aperçois qu'il manque toujours une pièce capitale. Je vous avais dit d'aller à la Santé. Vous ne l'avez donc pas fait? Pourquoi?

DERMOREL, *lentement, comme cherchant ses mots.*

J'ai cru que ça ne pressait pas. L'instruction semblait suspendue.

PIERRE

Vous n'avez pas à apprécier la valeur d'un ordre que je vous donne. Une lettre a disparu. Je pensais qu'elle avait été remise depuis longtemps au dossier. Je m'aperçois qu'elle n'y est pas. Où est-elle, cette lettre?

DERMOREL, *toujours lentement.*

Je l'ignore. Ce papier n'est peut-être pas très important.

PIERRE

Important ou non, j'en réponds. Une lettre dont je réponds a été dérobée. De quelle façon, qui l'a soustraite et pourquoi? Voilà ce qu'il faut savoir, cherchons un peu. La dernière fois que nous avons feuilleté le dossier, c'est Justin qui vous l'avait apporté. Vous étiez avec Mlle Crickette?

DERMOREL

Je ne me rappelle plus, depuis des mois.

PIERRE

Moi, je me souviens. J'ai mes raisons pour ça. On vient d'ailleurs de me les rappeler cruellement. Donc, vous étiez avec Mlle Crickette?

DERMOREL

Je réponds d'elle comme de moi-même.

PIERRE, *assez durement.*

Oui... oui... je sais. Justin n'a pas dérobé une lettre? un vieux serviteur. Impossible. Donc elle avait déjà disparu. Or, il n'y a eu que vous et moi qui ayons eu le dossier entre les mains. Moi ou vous...

DERMOREL.

Vous me soupçonneriez?

PIERRE

Je vous nomme comme moi. Lequel des deux? *(Temps.)* Nous le saurons quand M. Strouzzi nous aura éclairés. S'il n'a pas la copie de la lettre, il pourra en dire le contenu; nous verrons alors qui pouvait avoir intérêt à la faire disparaître.

DERMOREL, *précipitamment.*

Je suis libre. Je cours à la Santé.

PIERRE

J'y vais moi-même, attendez-moi. *(Près de*

la porte, très lentement.) Voyons... mon petit
Camille... vous n'avez rien à me dire?

DERMOREL

Rien... rien, monsieur...

(Pierre sort.)

DERMOREL

Lâche! Lâche! j'aurais dû tout avouer

SCÈNE VIII

HÉLÈNE CHEVALIER, Camille DERMOREL.

HÉLÈNE *se dirige vers la fenêtre et quand elle a
reconnu que Pierre Chevalier était sorti, elle se
rapproche précipitamment de Camille.*

Mon mari part ce soir. Tout est fini maintenant. Je n'en peux plus. Demain matin, il
faut que je sois partie avec mes enfants.

DERMOREL

Avec vos enfants?

HÉLÈNE

Je les emporte avec moi. Je vous ai demandé
votre vie ; l'heure est venue, je la prends.

DERMOREL

Elle est à vous. Je vous l'ai dit. Mais qu'est-
il arrivé de nouveau ?

HÉLÈNE

Vous n'avez donc pas entendu toutes ces
femmes, à la séance? Vous n'avez donc pas vu
la confiance qu'elles ont en moi ; elles veulent
me mettre à leur tête. Voler leur considération, encore, oh ! non, assez. Quand je pense à
ce qu'est ma vie réelle, tout plutôt que le mensonge.

DERMOREL

Mais calmez-vous, je vous en supplie, calmez-vous.

HÉLÈNE

Le puis-je? Il y a quelques mois, quand j'ai
dit à mon mari que je n'avais pas d'amant,
c'était vrai. Maintenant, s'il me questionnait,

il faudrait mentir et rougir devant lui, ou alors lui dire la vérité. Quelle honte !

DERMOREL

Me pardonnerez-vous jamais?

HÉLÈNE

Peut-on en vouloir quand on aime? Quand je suis arrivée hier chez vous, si lasse, si meurtrie, si démoralisée, vous suppliant même de renoncer à moi, vous avez bercé mon chagrin, vous avez su si bien me dire les mots qui endorment la détresse que j'ai fini par croire que c'était en vous donnant le bonheur que j'allégerais ma souffrance. Et c'est maintenant seulement que je sais ce que c'est que de souffrir.

DERMOREL

Je ne veux pas que vous souffriez pour moi davantage. Je serai fort à l'avenir.

HÉLÈNE

Suis-je sûre, moi, d'être forte désormais? Non, il est trop tard.

DERMOREL

Alors, que décidez-vous?

HÉLÈNE

C'est librement qu'il faut nous aimer désormais.

DERMOREL, *sur un geste étonné d'Hélène.*

Fuir avec moi? Réfléchissez!

HÉLÈNE

Je préfère tout à des compromissions odieuses. Qui sait si demain je ne m'en accommoderais pas comme tant d'autres? Il faut partir, quitter la France, nous réfugier dans un coin lointain mystérieux. Oui, je le connais... c'est un petit village d'Écosse que j'ai visité jadis avec mon père : Inverness.

DERMOREL

Inverness?

HÉLÈNE

On dirait, tellement il est enveloppé de brume, que c'est un voile tendu entre les choses et nous. Ceux qui vivent là, dans la fraicheur et dans le silence, doivent ignorer les tortures de nos esprits inquiets. C'est là que nous retrouverons le repos parfait dans la nature, dans la sincérité, dans l'amour.

DERMOREL, *comme égaré.*

Repos parfait? J'en sais de plus durable.

(Il se raidit et se cramponne à un fauteuil.)

HÉLÈNE

Vous souffrez?

DERMOREL

Ce n'est rien.

HÉLÈNE

On dirait que vous allez vous évanouir.

DERMOREL

Mes crises nerveuses se rapprochent en ce moment, mais je lutte.

(Il se relève.)

Moi aussi j'ai hâte de partir. Je rentre et je vais tout préparer pour... le grand voyage.

HÉLÈNE

Alors, à bientôt, mon adoré et pour toute la vie.

DERMOREL

Oui, à la vie, à la mort.

(Il se redresse complètement et sort.)

SCÈNE IX

HÉLÈNE CHEVALIER, LE DOMESTIQUE.

(Mme Hélène Chevalier s'est installée devant le bureau de son mari pour écrire. Au bout de quelques instants un domestique entre).

HÉLÈNE

Que voulez-vous? *(Le domestique tend une carte, lisant.)* M. Bois-Joli, de la part de M. le Président du conseil? Ceci regarde M. Chevalier.

LE DOMESTIQUE

Non, madame, M. Bois-Joli demande à parler à Madame seule.

HÉLÈNE

Faites entrer.

(Le domestique fait entrer M. Bois-Joli).

SCÈNE X

HÉLÈNE CHEVALIER, M. BOIS-JOLI.

HÉLÈNE

Je n'ai pas eu le plaisir de vous voir depuis mon dernier bridge.

BOIS-JOLI

Je n'étais pas à Paris, chère madame.

HÉLÈNE

Pourquoi cette annonce pompeuse de la part du Président du conseil?

BOIS-JOLI

Voilà... Le ministre m'a appelé et m'a dit : « Vous connaissez Mme Chevalier? Voyez-la et dites-lui que nous ne sommes plus sous le régime des fiches et des petits papiers, et, comme je trouvais là une occasion de vous être agréable, vous sentez avec quelle joie j'ai accepté la mission.

HÉLÈNE

Je ne comprends pas. Asseyez-vous.

BOIS-JOLI

Vous connaissez l'affaire Strouzzi. Je suis chargé de l'instruction.

HÉLÈNE, distraitement.

Je sais que mon mari est chargé de la défense.

BOIS-JOLI

Au cours de l'instruction, j'ai dû ordonner une perquisition chez un des complices de Strouzzi, une sorte de rabatteur, comme les chasseurs de tout poil en ont toujours avec eux. L'opération a eu lieu hier d'assez bonne heure. Notre homme ne l'aura apprise qu'en rentrant. Les agents ont d'abord découvert un paquet sur lequel on avait écrit ces mots : « Pour être remis en cas d'accident à Mme Chevalier. » Aucune relation sans doute avec l'affaire. Le paquet est intact, le voici.

(Hélène, assez émue, regarde à peine le paquet et fait mine de le jeter sur un guéridon.)

HÉLÈNE, *se contenant.*

Continuez, Bois-Joli, je vous en prie.

BOIS-JOLI

Puis, dans une enveloppe ouverte, il y avait des procès-verbaux de séances secrètes qui auraient été tenues ici même. Sur l'enveloppe, ces simples mots : « Pour être remis à Me Chevalier », le reste, comme sur le paquet. Ça, c'était de la politique. J'ai dû avertir mon chef, qui a avisé le président du Conseil... « C'est sans gravité, a-t-il dit, la République n'est pas en danger. Faites remettre l'enveloppe à Me Chevalier. » *(Il tend l'enveloppe à Mme Chevalier.)* J'obéis.

HÉLÈNE

Mais pourquoi ne pas rendre directement à mon mari les papiers qui l'intéressent?

BOIS-JOLI

C'est que je dois maintenant m'adresser à

toute votre délicatesse, à toute votre affection pour M⁰ Chevalier. En dehors de ces papiers qui semblaient dire aux agents : « Mais prenez-moi donc! » il y en avait un troisième, et celui-ci était savamment dissimulé dans un bahut, voisinant avec de nombreuses fioles, auprès d'un tas d'ordonnances : cocaïne, éther, opium, morphine, une véritable armoire aux poisons. Ce papier était terriblement compromettant, il établissait la culpabilité du complice principal. C'était une lettre classée par le greffier et qui, évidemment, avait dû disparaitre du dossier d'un avocat. Nos agents ont trouvé la pièce, je vous l'apporte et vous la remets. C'est, je vous le répète, la seule preuve qui existe contre M. Dermorel. *(Au nom de M. Dermorel, Hélène Chevalier sursaute. Bois-Joli continue.)* Pardon, je croyais vous l'avoir nommé. Oh! comme je comprends votre émotion; nous la partageons, car nous savons tous combien votre mari aime, com-

bien il estime son jeune secrétaire. Ému lui-
même, le président du Conseil a pensé que,
seule, vous pourrez amortir le coup que cette ré-
vélation douloureuse lui portera. Je vous laisse
cette pièce, la voici. Elle appartient au dossier
de votre mari. Prenez la peine, madame, de la
lui remettre. Vous reconnaîtrez avec moi, madame, qu'il y a des ministres républicains qui
se conduisent en gentilshommes... Nous avons
notre noblesse républicaine.

HÉLÈNE CHEVALIER, *très émue.*

Veuillez remercier profondément le président du Conseil. Et à vous aussi, merci, merci
de tout cœur.

BOIS-JOLI

Je vous baise la main.

HÉLÈNE CHEVALIER, *seule, sanglote, parle par
soubresauts, puis reprend, dans une scène à moitié
mimée, à moitié parlée.*

Il a fait ça, lui que j'aimais tant... Lui, un
voleur, voleur! Ah! c'est horrible! Mais brû-

lons ces papiers... *(Elle se dirige comme une somnambule vers la cheminée, fait le geste de jeter des papiers au feu, puis hésite, s'arrête.)* D'où vient que j'hésite? Personne ne regarde, personne ne saura. Allons! *(Elle fait un pas vers la cheminée, puis s'arrête encore.)* Je ne peux pas! je ne peux pas! Pourquoi?

SCÈNE XI

HÉLÈNE, Pierre CHEVALIER.

PIERRE CHEVALIER, *assez ému.*

(Hélène semble insensible. Pierre s'étonne de son silence et de son immobilité.)

Mais qu'est-ce que vous avez? Qu'est-il arrivé? *(Silence d'Hélène.)* Vous ne répondez pas? Pourquoi? Qu'est-ce que ces papiers que vous tenez à la main?

HÉLÈNE CHEVALIER

Ces lettres, ces papiers? *(Comme hébétée,*

insensible, par phrases hachées.) Voilà, d'abord cette liasse avec des faveurs ce sont les lettres que j'ai écrites à mon *amant :* dans cette enveloppe, c'est le rapport que vous avez confié à mon *amant.* Enfin, ce dernier papier, c'est la lettre qui a été soustraite dans le dossier par mon *amant;* il était... il est le complice de Strouzzi.

PIERRE CHEVALIER, *à mi-voix.*

Oui ! Oui ! je sais.

HÉLÈNE CHEVALIER

Ces papiers, j'ai voulu les anéantir... Un geste, vous ignoriez tout. J'ai voulu, je n'ai pas pu.

PIERRE CHEVALIER

Ce procès-verbal n'est pas signé, il est sans importance. *(Il le déchire.)* Cette liasse de papiers...

(Il prend la liasse de lettres et la jette au feu.)

HÉLÈNE CHEVALIER

Et la pièce, la pièce accusatrice?

PIERRE CHEVALIER

Pour cela, c'est vous qui déciderez. Je suis avocat. Cette pièce prouve la culpabilité de mon secrétaire, de mon homme de confiance, il me l'avait dérobée, on me la rend. Elle ne m'appartient pas, elle est à mon client. Que dois-je faire?

HÉLÈNE CHEVALIER

C'est à moi que vous adressez une pareille question?

PIERRE CHEVALIER

La notion du devoir se dresse devant vous pour la première fois. Encore une fois, que dois-je faire?

HÉLÈNE CHEVALIER

Vous me faites juge de votre honneur? Vous me demandez de vous dicter votre devoir. Votre vengeance est cruelle. C'est trop exiger de moi, c'est trop... La plaie est saignante. L'effort est trop grand. *(Elle semble souffrir, est angoissée, hésite, se reprend, se décide enfin.)* Voyons, accordez-moi nn peu de répit?

PIERRE CHEVALIER, *insistant.*

J'attends.

HÉLÈNE CHEVALIER

C'est affreux! Comment pouvez-vous insister auprès d'une femme aussi désemparée, aussi affolée que je le suis. Ah! vraiment, ce n'est pas humain.

PIERRE CHEVALIER

Où est le devoir? Où est le devoir?

HÉLÈNE CHEVALIER

Eh bien! le devoir, le devoir... quoi qu'il puisse arriver, c'est de remettre la pièce dans le dossier.

PIERRE CHEVALIER

C'est fait. Vous m'avez indiqué mon devoir. Il vous reste à remplir le vôtre! Je vous y aiderai de tout mon effort, mais le voudrez-vous?

HÉLÈNE CHEVALIER

Sais-je ce que je veux? Continuer l'épouvantable comédie à laquelle vous m'avez condamnée! Rester prisonnière de la considération quand de tous les côtés je croirais entendre ces mots : « Son amant est un voleur! » Ça, c'est impossible!

PIERRE CHEVALIER, *affectueusement.*

C'est cependant ce qu'il faut faire.

HÉLÈNE

Vivre à vos côtés et près de mes enfants, considérée, heureuse, dans le calme retrouvé, ce serait le bonheur! Mais il y a quelque part un être seul, déshonoré. J'entends une voix qui me crie : « Tu as choisi ta place auprès de lui, tu dois la prendre. » N'est-ce pas le devoir? A mon tour, je vous le demande?

(En parlant, elle s'est un peu exaltée.)

PIERRE

Ne vous exaltez pas. Ce n'est plus votre

mari qui vous parle, c'est votre ami, et l'ami vous soutiendra.

HÉLÈNE

Voyons, je ne sais plus, éclairez-moi. Vous vous dites mon ami ; ne serait-ce pas une lâcheté de l'abandonner, quand il me réclame peut-être.

PIERRE

Écoutez. *(Sur un geste étonné d'Hélène.)* Quand je suis entré ici, mon émotion vous a échappé. Vos yeux étaient tournés ailleurs, sur vous-même. Je quittais Dermorel. On m'avait appelé auprès de lui en même temps que son médecin.

HÉLÈNE

Qu'allez-vous encore m'apprendre ? Cette journée ne finira donc pas ?

PIERRE

Il était étendu sur son lit. Brusquement il sembla sortir de sa torpeur. Il se redressa et me jeta ces mots : « Vous voyez, je suis bien bas. Je n'étais pas mauvais, j'étais faible. C'est pire. Ah! mon père, si pur, si noble, m'aurait pardonné! » Et comme je lui répondais que je n'avais pour les faiblesses humaines que de l'indulgence et de la pitié, sa figure s'éclaira : « Merci. Vous m'avez dit : Si vous échouez, il faudra partir. J'ai échoué, je pars. L'absence sera longue, très longue, comme vous l'avez voulu. Vous aviez raison, la beauté c'est le devoir... J'ai vu, trop tard. Votre main?... Vous pouvez, maintenant. » Sa tête retomba sur l'oreiller. Le médecin était entré. Je sortis en promettant de revenir. J'irai.

HÉLÈNE

J'y vais. *(Elle fait mine de se diriger vers la porte. Son mari l'arrête. Elle reprend.)* Oh! laissez-moi, je vous en prie, laissez-moi le voir pour la dernière fois peut-être.

(Elle fait un pas de plus vers la porte, il lui barre la route.)

PIERRE.

Vous ne passerez pas.

HÉLÈNE

Vous seriez miséricordieux, si vous aviez souffert.

PIERRE

Et qui vous dit que je n'ai pas souffert et plus que vous-même; seulement je ne crie pas ma souffrance. *(Comme se parlant à lui-même.)* Allons, il le faut. *(Puis à Hélène.)* En tout cas, Dermorel ne souffre plus; ...il est mort.

HÉLÈNE *tombe affalée et parle la tête dans ses mains.*

Il s'est tué?

PIERRE

Peut-être. Mais pour tout le monde, c'est l'abus de tous ses poisons.

HÉLÈNE

Quel châtiment. Il désertait au moment où j'hésitais à l'abandonner.

PIERRE

' Paix sur lui ! Dieu le juge.

HÉLÈNE

Qu'il lui soit indulgent. Mais pardonner...
comme vous déjà, quand je peux croire que
sa vie... sa mort, son amour même, tout fut
une comédie... je n'ai pas les vertus d'une
sainte. Peut-être un jour, quand j'aurai appris
le sacrifice...

PIERRE

Le sacrifice, c'est bien plus simple qu'on ne
pense. On passe à côté du sacrifice comme on
passe à côté du bonheur. Le sacrifice, il est
ici, auprès de vos enfants... Écoutez-moi. Je
tenterai de mettre autour de vous une telle
atmosphère de douceur, de pitié, de bonté,
que vous en soyez comme imprégnée. Votre
convalescence sera rapide. Vous savez déjà le
premier mot de toutes les religions : le devoir.

(Il sonne.)

(Le domestique.)

PIERRE, *au domestique.*

Les enfants sont là?

(Il montre une porte à gauche.)

LE DOMESTIQUE

M. Jean vient de rentrer avec son précepteur. Il est chez ces demoiselles.

PIERRE

C'est bien. *(Le domestique sort. M. Chevalier prend la main d'Hélène Chevalier, qui se lève, et la conduit doucement vers la chambre des enfants.)* Allez près des petits; de leurs bras caressants ils berceront votre douleur, je vous retrouverai dans un instant.

HÉLÈNE, *tout près de la porte, à moitié entrée.*

Merci. Vous avez le secret de tout ce qui est généreux. Oh! merci. J'aperçois en vous toute la noblesse humaine.

(Elle entre dans la chambre et on entend de petits cris : « Maman! Maman! »)

PIERRE, *seul, appuyé sur le chambranle de la porte ouverte.*

Noblesse humaine! Souffrance humaine! Toute grandeur se paie.

(Le rideau tombe doucement.)

PARIS. — TYP. PLON-NOURRIT ET Cⁱᵉ, 8, RUE GARANCIÈRE. — 20669.